教育部新农科研究与改革实践项目
贵州省农业经济管理创新团队

经管文库·管理类
前沿·学术·经典

"德、智、实践"三维农经专业人才培养研究

THREE DIMENSIONS OF "MORALITY,
WISDOM AND PRACTICE"
THE RESEARCH ON THE CULTIVATION OF
TALENTS IN AGRICULTURE AND FORESTRY
ECONOMIC MANAGEMENT

洪名勇　邵美婷　著

经济管理出版社
ECONOMY & MANAGEMENT PUBLISHING HOUSE

图书在版编目（CIP）数据

"德、智、实践"三维农经专业人才培养研究 / 洪名勇，邵美婷著 . —北京：经济管理
出版社，2023.5

ISBN 978-7-5096-9019-2

Ⅰ. ①德… Ⅱ. ①洪… ②邵… Ⅲ. ①农业经济—人才培养—研究—中国 Ⅳ. ①F32

中国国家版本馆 CIP 数据核字（2023）第 086269 号

组稿编辑：杨国强
责任编辑：杨国强
责任印制：黄章平
责任校对：王淑卿

出版发行：经济管理出版社
　　　　　（北京市海淀区北蜂窝 8 号中雅大厦 A 座 11 层　　100038）
网　　　址：www.E-mp.com.cn
电　　　话：（010）51915602
印　　　刷：唐山玺诚印务有限公司
经　　　销：新华书店
开　　　本：710mm×1000mm/16
印　　　张：14
字　　　数：202 千字
版　　　次：2023 年 6 月第 1 版　　2023 年 6 月第 1 次印刷
书　　　号：ISBN 978-7-5096-9019-2
定　　　价：98.00 元

目　录

第一章　绪论

高水平的农经人才不仅是农经学科发展的基础，而且对巩固脱贫攻坚成果、推进乡村振兴至关重要。如何培养农经人才、培养什么样的农经人才、怎样培养农经人才成为我们必须回答和思考的首要课题。

第一节　选题背景

一、时代背景：百年未有之大变局　人才是关键资源

教育与人力资本是现代经济增长的核心（赵冉等，2022），教育关系人力资源开发的质量与水平，教育特别是世界一流的高等教育成为综合国力的支柱之一（刘复兴，2022）。我国正处在改革发展的关键阶段，新的发展阶段、发展理念、发展格局对高等教育提出了新的要求。实现中华民族伟大复兴，必须大力提高国民素质，在继续发挥我国人力资源优势的同时，加快形成我国人才竞争比较优势，逐步实现由人力资源大国向人才强国的转变①。国家"十四五"规划纲要明确提出，把建成"人才强国"确立为2035年远景目标，强调高质量的教育体系和高技能人才是实现创新驱动型内生增长模式的核心，是实现"双循环"新发展格局的关键（赵冉等，2022）。人才是衡量一个国家综合国力的重要指标。习近平在2021年中央人才工作会议上明确要求，深入实施新时代人才强国战略，加快建设世界重要人才中心和创新高地，

---

① 国家中长期人才发展规划纲要（2010—2020年）发布［EB/OL］.http://www.gov.cn/jrzg/2010-06/06/content_1621777.htm.

为 2035 年基本实现社会主义现代化提供人才支撑，为 2050 年全面建成社会主义现代化强国打好人才基础，并着重强调"我国拥有世界上规模最大的高等教育体系，有各项事业发展的广阔舞台，完全能够源源不断培养造就大批优秀人才，完全能够培养出大师。我们要有这样的决心、这样的自信"①。

2020 年 12 月 28 日，习近平总书记在中央农村工作会议上强调，从世界百年未有之大变局看，稳住农业基本盘、守好"三农"基础是应变局、开新局的"压舱石"。建设社会主义现代化国家，实现中华民族伟大复兴，最艰巨最繁重的任务依然在农村，最广泛最深厚的基础依然在农村，要举全党全社会之力推动乡村振兴，促进农业高质高效、乡村宜居宜业、农民富裕富足②。涉农学科高等教育承担为"三农"发展输送高质量人才的重担。习近平总书记在给全国涉农高校书记校长和专家代表的回信中明确指出，中国现代化离不开农业农村现代化，农业农村现代化关键在科技、在人才。希望高等农林教育继续以立德树人为根本，以强农兴农为己任，拿出更多科技成果，培养更多知农爱农新型人才，为推进农业农村现代化、确保国家粮食安全、提高亿万农民生活水平和思想道德素质、促进山水林田湖草系统治理，为打赢脱贫攻坚战、推进乡村全面振兴不断作出新的更大的贡献③。

当前我国农经学科逐渐发展成为一个涵盖经济学、管理学、社会学和资源环境经济学等多学科交融的交叉学科，具有鲜明的中国特色（洪名勇等，2013；冯开文等，2016），推动了中国"三农"问题的解决，为

---

① 深入实施新时代人才强国战略　加快建设世界重要人才中心和创新高地［EB/OL］. https://www.ccps.cn/xxsxk/zyls/202112/t20211215_152331.shtml.

② 坚持把解决好"三农"问题作为全党工作重中之重　举全党全社会之力推动乡村振兴［EB/OL］. https://www.ccps.cn/txt/202203/t20220331_153489.shtml.

③ 习近平给全国涉农高校的书记校长和专家代表的回信［EB/OL］. http://www.moe.gov.cn/jyb_xwfb/moe_176/201909/t20190906_398023.html.

国民经济有序平稳可持续发展提供了强有力的支撑（张俊飚、颜廷武，2019）。农经学科更是为"三农"发展输送了大批高质量农经专业人才。新的时代背景同样对农经专业人才培养提出了更高的要求，即培养德才兼备、实干兴农的新型人才。因此，农经专业人才培养要加强学生专业知识应用能力的培养和提高，同时加强"立德树人"，培养学生"爱农村爱农民"的责任意识及职业道德（苏建兰、李娅，2019）。

二、文化背景：多元文化冲击影响 意识形态建设任务始终艰巨

1978年实行改革开放之后，多元文化涌入中国，多元中立主导、多样中谋共识、多变中定方向成为我国社会主义意识形态建设必须面临的挑战。如何对抗西方意识形态的入侵，击碎西方敌对势力和平演变、侵蚀的阴谋，是我国意识形态领域面临的重要挑战。开展马克思主义理论教育，用新时代中国特色社会主义思想铸魂育人（习近平，2020），是应对挑战的核心。习近平（2013）强调，意识形态工作是党的一项极端重要的工作；能否做好意识形态工作，事关党的前途和命运，事关国家长治久安，事关民族凝聚力和向心力；宣传思想工作就是要巩固马克思主义在意识形态领域的指导地位，巩固全党全国人民共同奋斗的思想基础（中共中央宣传部，2016）。思想政治教育具有极端重要的战略地位和作用，在培养担当民族复兴大任的时代新人过程中承担重要使命（孟庆涛等，2022）。《中国统计年鉴2021》的数据显示，仅2020年全年普通本专科及研究生招生1078.11万人、在校（学）生3599.25万人、毕业生870.06万人。高校是培养德智体美劳全面发展的社会主义建设者和接班人的重要阵地，要承担起培养时代新人的历史重任（李义丹、董玥欣，2022）。

国无德不兴，人无德不立。青年是社会主义的建设者和接班人，习近平在建党百年庆祝大会上强调：未来属于青年，希望寄予青年……新

时代的中国青年要以实现中华民族伟大复兴为己任，增强做中国人的志气、骨气、底气，不负时代，不负韶华，不负党和人民的殷切期望！[①] 教育强则国家强，高等教育发展水平是一个国家发展水平和发展潜力的重要标志，基于我国独特的历史文化与国情，要办好具有中国特色的高校。高等教育要培养德智体美劳全面发展的社会主义事业建设者与接班人。习近平在全国高校思想政治工作会议上强调高校立身之本在于立德树人，要坚持把立德树人作为中心环节，把思想政治工作贯穿教育教学全过程，实现全程育人、全方位育人，努力开创我国高等教育事业发展新局面[②]。在 2018 年全国教育大会上，习近平强调思想政治工作是学校各项工作的生命线，明确要求把立德树人融入思想道德教育、文化知识教育、社会实践教育各环节，贯穿基础教育、职业教育、高等教育各领域，深化教育体制改革，健全立德树人落实机制[③]。以德树人是党和国家对高校教育提出的明确要求。以文化人、以德树人，持续不断地提高学生的思想水平、政治觉悟、道德品质、文化素养，敦促学生以明大德、守公德、严私德标准要求自己，高质量地培养德智体美劳全面发展的社会主义建设者和接班人。

三、高等教育高质量发展背景：培养德才兼备的高质量人才

2020 年 10 月，党的十九届五中全会明确提出"建设高质量教育体系""建成教育强国"，标志着教育进入了高质量发展的新阶段（葛道凯，2022）。高等教育高质量发展是实现"两个一百年"奋斗目标、落实"两个大计"战略的必要手段（张晋、王嘉毅，2021）。高质量教育能促进人的

[①] 习近平在庆祝中国共产党成立 100 周年大会上的讲话［EB/OL］. https://www.12371.cn/ 2021/07/01/ARTI1625122624003841.shtml.

[②] 习近平. 把思想政治工作贯穿教育教学全过程［EB/OL］. http://www.xinhuanet.com/politics/ 2016-12/08/c_1120082577.htm.

[③] 习近平出席全国教育大会并发表重要讲话［EB/OL］. http://www.gov.cn/xinwen/2018-09/10/content_5320835.htm.

全面发展、实现全体人民共同富裕（李政涛、周颖，2022）。2018 年 9 月，习近平总书记在全国教育大会上指出，培养什么人，是教育的首要问题。我国是中国共产党领导的社会主义国家，这就决定了我们的教育必须把培养社会主义建设者和接班人作为根本任务，培养一代又一代拥护中国共产党领导和我国社会主义制度、立志为中国特色社会主义奋斗终身的有用人才①。2021 年 4 月，习近平总书记在清华大学考察时强调，我国高等教育要立足中华民族伟大复兴战略全局和世界百年未有之大变局，心怀"国之大者"，把握大势，敢于担当，善于作为，为服务国家富强、民族复兴、人民幸福贡献力量②。高等教育是将国家、社会未来与家庭、个人联系起来的纽带，尽全力培养出更多更好的人才服务社会主义现代化建设，是高等教育高质量发展的必然。高等教育高质量发展是全面、充分、长远的发展。高等教育高质量发展必须坚持中国特色的政治方向、坚持以人民为中心的立场，坚持立德树人、五育并举，为国家培养社会主义建设者和接班人（李政涛、王晓晓，2022）。

四、学科发展背景：双一流人才培养

2015 年 10 月，国务院印发《统筹推进世界一流大学和一流学科建设总体方案》（以下简称《方案》），正式启动"双一流"建设，推动中国从高等教育大国向高等教育强国转变。《方案》中明确指出"双一流"建设要"坚持以中国特色、世界一流为核心，以立德树人为根本，以支撑创新驱动发展战略、服务经济社会发展为导向"；打造世界一流高校、一流学科的双一流战略，是国家在高等教育领域的重要战略，有利于提升

---

① 习近平出席全国教育大会并发表重要讲话［EB/OL］. http://www.gov.cn/xinwen/2018-09/10/content_5320835. htm.

② 习近平在清华大学考察：坚持中国特色世界一流大学建设目标方向 为服务国家富强民族复兴人民幸福贡献力量［EB/OL］. http://www.gov.cn/xinwen/2021-04/19/content_5600661.htm.

我国高等教育综合实力和国际竞争力，为实现"两个一百年"奋斗目标和中华民族伟大复兴的中国梦提供有力支撑，有利于提升我国教育发展水平、增强国家核心竞争力、奠定长远发展基础[①]。"双一流"建设是我国进入特色社会主义新时代后，为适应新阶段新发展格局而提出的高等教育重点建设工程（周光礼，2022），是新时代我国高等教育的重大战略部署，为我国高等教育的发展创造了极好的机遇和条件，而培养一流的学生，输出一流的人才，是建设世界一流大学和一流学科的核心使命（王斌等，2022）。习近平（2017）指出，只有培养出一流人才的高校，才能够成为世界一流大学；办好我国高校，办出世界一流大学，必须牢牢抓住全面提高人才培养能力这个核心点。

农业、农村、农民问题事关中华民族伟大复兴。党的十九大报告提出，"三农"问题是关系国计民生的根本性问题。要把解决好处理好"三农"问题，摆在全党工作之首，需要全面实施乡村振兴战略。从乡村振兴的理论逻辑和实践发展看，产业兴旺是重点，是提升农业发展质量，培育乡村发展新动能，实现农业发展、农民增收和农村繁荣的基础。人才是产业兴旺的关键，特别是随着城乡一体化融合发展，各类要素加快流动，农村信息化快速推进，新产业、新业态和新模式不断涌现，农业智能化、信息化和生产率大幅提高，一二三产业深度融合发展，都对涉农人才提出了新的、更高的要求。人力资本是改造传统农业、推动农业发展的强动力。劳动力质量与劳动生产率有极强的相关性，教育是实现人力资本积累的有效途径（舒尔茨，2011）。济济多士，乃成大业；人才蔚起，国运方兴。人才是社会文明进步、人民富裕幸福、国家繁荣昌盛的重要推动力量。新的发展阶段对培养高质量的农经专业人才提出了新的要求：即培养道德水平高、理论功底深、实践能力强的优质农经人才。

[①] 国务院关于印发统筹推进世界一流大学和一流学科建设总体方案的通知［EB/OL］. http：//www.gov.cn/zhengce/content/2015–11/05/content_10269.htm.

第二节 研究目的与意义

一、研究目的

本书的研究目的可以总结为：以具有代表性、跨年级、多层次的学生调查数据为基础，基于科学的教育思想和素质教育理念，在理论分析、数据分析基础上，构建适应时代变化的农林经济管理专业三维人才培养模式，并在此基础上提出针对性的对策和建议。

二、研究意义

面对新的发展阶段、新的发展要求、新的发展布局，从德育—智育—实践能力三维人才培养模式出发，探讨德育智育对农经专业人才高质量培养的作用，为农经专业人才高质量培养提供可能的创新路径，具有十分重要的学术价值和实践意义。

（一）学术价值

德育、智育、实践教育是高等教育的核心内容，本书从高质量发展视角出发，重点研究农经专业人才培养的创新模式——德育、智育、实践教育三维人才培养模式，推动农经专业人才新发展。

（二）实践价值

本书有助于理解新的发展阶段、发展格局对农经专业人才培养的影响，有利于探索农经人才培养的创新模式，提高农经人才培养的实效性，同时能为其他专业人才培养提供一定的参考。

第三节 研究思路与研究方法

一、研究思路

梳理德育、智育、实践教育三者发展演化的脉络，在分析三者关系的基础上，提出农经专业人才高质量培养的三维模式——以德育为灵魂、以智育为根基、以实践教育为主干的高质量培养模式，通过问卷调查分析当前高等教育德育、智育培养现状，针对当前农经人才德育、智育培养存在的问题，提出解决方案，从实际出发探讨三维培养模式的可操作性。

二、研究方法

（一）文献研究法

笔者查阅了大量关于思想政治教育、德育、智育、实践教育、人才培养等方面的文献资料，通过对已有文献的梳理、分析、探究，阐释德育、智育、实践教育的内涵，分析三者之间的关系，为提出农经专业人才高质量培养三维模式打下坚实的基础。

（二）比较研究法

通过科学的比较方法，纵向上对我国德育、智育、实践教育的发展历史和演化过程进行比较分析，横向上对国内外经典的德育、智育、实践教育思想进行对比，加深对德育、智育、实践教育内涵外延的理解，夯实农经专业人才高质量培养三维模式的理论基础。

（三）问卷调查法

通过问卷调查数据，分析当前学生群体对德育、智育、实践教育的认知程度和行为趋势，为落实农经专业人才高质量培养三维模式提供可行意见。

问卷调查对象：以设有农林经济管理专业的学校为目标，向不同学生层次（博士研究生、硕士研究生、本科生）的2017~2020级农林经济管理专业学生发放问卷。

三、数据来源与介绍

2021年5月，课题组利用问卷星在学生群体开展调研，农经专业回收问卷338份，剔除年龄缺失问卷2份，最终使用问卷336份。受访学生来自东北农业大学、贵州大学、黑龙江八一农垦大学、凯里学院、黔南民族师范学院、沈阳农业大学、四川大学、铜仁学院、西南财经大学、西藏农牧学院、浙江大学、中国农业大学[①]12所高等院校农林经济管理相关专业的本科生、硕士研究生和博士研究生。

样本基本情况：

年龄方面，样本年龄在17~38岁，其中未成年仅1人，占比0.30%，为本科生；18~20岁116人，占比34.52%，均为本科生；21~30岁214人，占比63.69%，其中本科生110人，硕士研究生97人，博士研究生7人；31~38岁5人，占比1.49%，其中博士研究生4人，硕士研究生1人。样本年龄多集中在18~30岁，以本科生、硕士研究生为主。

性别方面，样本中男性121人，占比36.01%，女性215人，占比63.99%，女性是男性的近两倍。

亲缘方面，样本中99人为独生子女，占比29.46%，237人为非独生子女，占比70.54%。

民族方面，样本中有151人为少数民族，占比44.94%，185人为汉族，占比55.06%。

---

① 学校按首字拼音排序，排名不分先后。

政治面貌方面，样本中 58 人为党员，占比 17.26%，246 人为团员，占比 73.21%，32 人为群众，占比 9.52%。

年级方面，样本中 2020 级 176 人，占比 52.38%，2019 级 81 人，占比 24.11%，2018 级 58 人，占比 17.26%，2017 级 19 人，占比 5.65%，其他年级 2 人[①]，占比 0.60%。

学历层次方面，样本中 227 人为本科生，占比 67.56%，硕士研究生 98 人，占比 29.17%，博士研究生 11 人，占比 3.27%。

第四节 核心概念界定

一、德育

德育作为培养高质量社会主义建设者和接班人必须重视的关键问题，肩负解决培养什么样的人才问题的重担，个人思想品德形态最终会影响社会生产力的良好状态、社会生产关系的良性发展、社会主体正当利益的公平实现，德育现代化成为必然。

德育，起初指道德教育，随着时代社会环境的不断发展，德育的内涵和外延不断更新扩大。20 世纪 90 年代末，国家德育教育工作规范中明确指出，德育包括政治、思想、道德和心理品质教育。德育也是社会主义精神文明的重要组成部分。因此，根据研究需要，本书中将德育定义为：是一种以培养社会所需人才为目标，以学生身心发展特点和规律为基础，以开展道德、政治、思想、心理、法制、纪律、劳动等多方面教育为手段，培养正确世界观、价值观、人生观的教育。学校、家庭、社会等都是德育的主体，本报告主要以学校德育为主。

---

① 1 人为其他年级博士生，1 人为其他年级本科生。

二、智育

智育是马克思主义教育学理论体系中的一个重要概念。一般来说，智育指培养学生智慧能力的教育活动，主要任务是向学生传授科学文化知识、观念，培养学生科学认识、理智认知的能力。因此，根据研究需要，本书中将智育定义为：围绕农林经济管理专业人才培养目标，向学生传授理论知识、科学研究知识、科学社会调查知识，培养学生理论学习能力、科研能力和进行科学调查的能力。

三、实践教育

实践教育，是一种综合性的思想政治教育方式，狭义上指一种以实践活动或者探索性活动为手段的教育方式。随着实践内容的不断丰富，实践教育发展成为一种有别于理论教育的教育体系，并以鼓励学生用所学理论知识解决实践问题为培养目标。更广泛意义上说，实践教育又是一种将德育、智育紧密联合起来的教育思想。通过脚踏实地的实践和个体解决实际问题的能力，展示个体所接受的德育、智育教育的结果。

四、人才培养模式

20世纪八九十年代，我国学者逐渐加深对人才培养模式内涵和外延的研究，基本达成共识，即人才培养模式指在教育思想、教育理论指导下的一种关于人才培养的方式，但在培养目标结构、培养模式属性、培养模式外延等方面存在不同看法。教育部在1998年《关于印发〈关于深化教学改革，培养适应21世纪需要的高质量人才的意见〉等文件的通知》（教高〔1998〕2号）中提出：人才培养模式是学校为学生构建的知识、能力、素质结构，以及实现这种结构的方式。它从根本上规定了人才特征并集中地体现了教育思想和教育观念。

人才培养模式可分为三个层次：第一层是宏观层次——教育系统主导模式，如通才培养、素质教育等；第二层是中观层次——学校主导模式，每个高校都倡导、践行的人才培养模式；第三层是微观层次——各个专业的独有的人才培养模式。三个层次的人才培养模式是相互影响、相互联系的。

各个高校倡导的人才培养模式、各个专业特色的人才培养模式都是在教育系统主导模式的基础上，结合各高校办学特色、各专业人才培养目标构建的。本书集中关注农林经济管理专业人才培养模式的创新、发展。因此，根据研究需要，本书将人才培养模式定义为：在科学现代的教育理论思想指导下，根据经济社会发展需求，围绕农林经济管理专业人才培养目标，构建农林经济管理专业学生道德品行、理论知识、实践能力结构，以及实现这种结构的方式。

第五节　研究的主要内容与安排

根据本书的研究思路和目标，内容结构安排如下：

第一章是绪论，本章首先介绍了选题背景、研究目的和意义，进而阐述了研究的思路和重点研究的内容，同时介绍了本书所使用的研究方法，对核心概念进行了界定，对调研数据进行了基本介绍。

第二章是以德铸魂　以知塑型：文献回顾与理论分析框架。这一部分首先对国内外德育、智育、实践教育思想发展简史进行了梳理，其次对德智体美劳五育融合发展与德育、智育、实践教育的关系进行了分析。在两个工作的基础上，构建了本书重点研究的农经专业人才三维培养模式，后续研究在此模式下进行。

第三章是农经专业人才培养现状调查——以德铸魂。道德品行是一个人的灵魂，德育教育也是人才培养的灵魂所在。在三维人才培养模式的基础上，本章重点分析调研数据中关于德育的内容。将问卷德育部分划分为德育教育内容理解、社会公德、个人品德、与父母关系、与老师关系、师生关系维持、理想信念、集体荣誉感、爱国主义九个部分，分析样本的整体趋势与现状，同时根据样本的不同性别、不同学生层次、不同年级情况，进一步分析当前农经专业德育教育的实际情况。

第四章是农经专业人才培养现状调查——以知塑型。科学文化知识是一个人的根基，智育教育是人才培养的根基所在。在三维人才培养模式的基础上，本章重点分析调研数据中关于智育的内容。将问卷智育部分划分为学生学习成绩自我评价、学生学习方法自我评价、专业理论知识学习、学生对教师教学的反馈、学生对学校教学的反馈五个部分，分析样本的整体趋势与现状，同时，根据样本不同性别、不同学生层次、不同年级情况，进一步分析当前农经专业智育教育的实际情况。

第五章是农经专业人才培养现状调查——以实践造力。实践教育和实践能力是一个人的躯干，实践教育是人才培养的着力点、落脚点。在三维人才培养模式的基础上，本章重点分析调研数据中关于实践教育的内容。主要分析教师、实验平台、校外实践基地三方承担实践教育的情况，分析样本的整体趋势与现状，同时根据样本的不同性别、不同学生层次、不同年级情况，进一步分析当前农经专业实践教育的实际情况。

第六章是国内高校农经专业人才培养成效。本章介绍了第四轮学科评估中农林经济管理专业获得 A 级的学校，即南京农业大学、浙江大学、华中农业大学农林经济管理专业人才培养模式。

第七章是三维视角下农经专业人才培养存在的问题及对策。首先，总结问卷反映的是当前农林经济管理专业在德育、智育、实践教育方面存在的不足。其次，在三维人才培养模式框架的基础上，结合三所高校农经专业人才培养经验，提出践行智育、德育、实践教育三维人才培养模式的指导思想、基本原则和建议。

第六节　研究的创新之处

本书研究视角新，将德智体美劳素质教育总体性地概括为德育、智育和实践教育三个维度，在此基础上构建农林经济管理专业"智育、德育、实践教育"三维人才培养模式。利用微观调研数据，分析当前农林经济管理专业人才培养在德育、智育、实践教育方面的实际情况，探索新农科背景农林经济管理人才培养的创新模式。

第二章　以德铸魂　以知塑型：文献回顾与理论分析框架

百年大计，教育优先。党的十八大以来，以习近平同志为核心的党中央坚定不移地实施科教兴国战略和人才强国战略，坚持优先发展教育，大力推进教育领域综合改革。党的十九大明确提出建设教育强国是中华民族伟大复兴的基础工程。2018 年，党中央召开全国教育大会，习近平总书记系统回答了关系教育现代化的重大理论和实践问题。2019 年，国家先后印发了《中国教育现代化 2035》和《加快推进教育现代化实施方案（2018—2022 年）》，明确提出高等教育人才培养更加注重以德为先、全面发展、因材施教、知行合一等发展理念。

本章在系统梳理国内外德育、智育、实践教育思想演化过程及当前国内农经人才培养研究趋势基础上，提出新阶段农经专业人才三维培养模式的理论分析框架。

第一节　国内外德育思想发展演化过程

一、国外德育思想发展简史

德育思想是每个时代社会发展的鲜明精神产物，德育具有鲜明的意识形态性，意识形态概念起初是由法国哲学家德崔希伯爵于 1796 年提出的（张志辉，2010），随后在政治学、哲学领域中流行，但其内涵一直不明晰。20 世纪中期，意识形态领域斗争激化，社会主义国家理论工作者开始尝试解释意识形态，并将意识形态解读为一种国家意志。大部分西方国家通过公民教育影响个体意识，且随着经济全球化，各国的公民教育转为互相补充借鉴。

马克思主义德育理论的发展起初由于社会历史环境，马克思、恩格斯、列宁、斯大林主张利用革命斗争、政治运动解决德育问题。马克思、恩格斯从辩证唯物主义、历史唯物主义立场出发，批判资产阶级道德，总结无产阶级道德，明确无产阶级道德基本原理、行为规范，形成了马克思、恩格斯德育思想。将马克思主义基本原理与俄国革命实践相结合后，列宁提出对人民进行政治教育，并首次提出共产主义道德的科学概念和基本原则、意义和方法（张文杰，2021）。

二、国内德育思想发展简史

（一）传统儒家德育思想

在我国，德育肩负维护安定和引导主流意识形态的重任。自古以来，虽然诸子百家流派均有自身的治国理念、教书育人之道，但儒家学派长期占据绝对的统治地位。儒家的德育思想历史悠久，西周周公旦的德育思想主要包括以德配天、敬德保民、礼乐教化、父权夫权以及强化统治者的道德教育等方面，周公旦的德育思想从一定意义上说对儒家德育思想产生了深远影响。孔子作为儒家学派创始人，其创立德育思想一直是儒家德育思想的根基，孔子提倡的仁礼孝的行为准则及相关思想，经过不断发展，逐渐成为我国传统文化的核心。孟子将义和仁联系起来，扩充了孔子的德育思想，并将仁义视为最高的道德准则，强调道德教育在教育体系中的核心主导作用。荀子发展了孔子关于礼的思想，视礼为最高道德原则。儒家经典文集《礼记》中蕴含着丰富的德育思想，其中《大学》提出要明德、亲民、至善，通过格物致知、诚意正心、齐家修身、治国平天下等方法，修身养性。董仲舒提出"仁义礼智信"（"五常")和"君为臣纲，父为子纲，夫为妻纲"（"三纲"）是封建社会德育思想的核心，封建社会的思想家们都是以"三纲五常"为基调，丰富完善儒家德育思想。传统儒家思想中德育的精华部分，仍对当代德育教育产生有利影响。

（二）中国共产党德育思想

以毛泽东同志为核心的党的第一代中央领导集体，创立了毛泽东思想，其中德育思想是重要组成部分。革命战争年代，毛泽东已经深刻认识到思想政治教育对国家革命与建设的重要性，提出要处理好国家、集体和个人利益，国家和集体利益高于个人利益，并认为给予人民物质利益、改善人民生活是合乎道德的。1940年，毛泽东提出共产主义思想在国民文化中占据指导地位，1954～1955年在全国范围内开展了新中国成立以来第一次大规模道德教育活动——名为"培养青年共产主义道德，抵制资产阶级思想侵蚀"的德育活动；而毛泽东亲笔所题的"向雷锋同志学习"，引发了全国性的爱国主义、集体主义和全心全意为人民服务的热潮。人才培养方面，毛泽东提出要使受教育者在德智体方面得到发展，走又红又专的社会主义道路，这不仅丰富了马克思主义关于人全面发展的学说，更是形成具有中国特色的社会主义德育思想的基础。

邓小平德育思想是我国德育实践的精神产物，诞生于以和平与发展为主题的时代。改革开放初期，德育为社会主义经济建设服务，1982年党的十二大提出社会主义现代化建设要物质文明和精神文明两手抓，两手都要硬，德育工作迎来重要的转折点。随后邓小平南方谈话、党的十四大的召开，德育工作需要与社会主义现代化建设的新要求相适应。邓小平坚持马克思主义唯物史观，以解放思想、实事求是为核心，置德育于改革开放过程中，在社会主义现代化过程中，开创德育建设新局面（张文杰，2021）。邓小平德育思想涵盖思想道德政治教育、爱国主义、效率公平、教育目标等多方面，是对马克思主义德育思想、中国儒家传统德育思想的继承与发展。邓小平德育思想具有很强的前瞻性、科学性、辩证性和创新开创性，在跨时代的新时期为我国德育工作指明了正确的发展方向，指导培养四有新人，推动改革开放和社会主义现代化建设。

"三个代表"重要思想是新时期推动党的建设的行动指南。"三个代表"重要思想是 21 世纪高校德育的核心，对高校德育教育产生深远影响。"三个代表"重要思想赋予"四有新人"新的时代含义。"三个代表"重要思想中，代表中国先进生产力的发展要求——体现了无产阶级先锋队的科学世界观，代表中国先进文化的前进方向——体现了科学的价值观，代表中国最广大人民的根本利益——体现了科学的人生观（周文东，2005），为高校培养学生的三观指明了方向，即培养学生树立无产阶级的世界观、价值观、人生观。

科学发展观是关于发展的本质、内涵、目的和要求的根本观点，落实科学发展观，积极构建社会主义和谐社会。科学发展观对高校德育工作具有很强的指导意义。以人为本、和谐育人，坚持人的全面发展、协调发展、可持续发展是科学发展观指导下高校德育工作新的延展。

习近平德育思想是中国特色社会主义的重要部分，有利于推动新时代社会主义德育发展，开创新时代德育新格局，增强德育的实效性，更好地服务社会主义核心价值观广泛而深刻的培育（蒋玉、陈爱丽，2020）。加强党的领导，坚持马克思主义，抓好立德树人的根本任务，最终为社会培养德才兼备的时代优秀人才。社会主义德育现代化建设有利于国家、社会、个人的发展。新时代德育思想，赋予马克思关于人的全面发展理论新的时代内涵。从世界观、价值观、人生观的"三观"教育，理想信念教育，爱国主义、集体主义、社会主义教育，中华民族优良道德传统、中国革命传统教育，社会公德、职业道德、家庭美德教育等多个德育教育方面进行了创新升级，全力构建家庭教育、学校教育、社会教育融合的多层次、多主体的德育网络，形成全过程、全方位、全领域育人的德育合力。

第二节 国内外智育思想演化过程

一、国外智育思想发展简史

苏格拉底提出要建立智慧的国家，智慧是一种全面整体的知识。柏拉图阐明了智慧与哲学之间的辩证关系，亚里士多德区分了智慧与智慧的实践，并对智慧进行了分类排序。西方著名哲学家弗朗西斯·培根的"知识就是力量"对东西方智育产生深远影响。笛卡尔认为，科学的整体是智慧。罗素认为，好奇心和求知欲是智慧的重要组成部分。科学知识教育是当代西方智育的核心。

二、国内智育思想发展简史

（一）传统儒家智育思想

先秦诸子百家思想灿烂，对传授给受教者的学习内容来说不同流派有不同的侧重点，如儒家仁义礼仪、以德服人、有教无类；道家尊重自然天性、无为而治；法家以法为教、以吏为师；墨家以自身能力从事、注重认识论、逻辑学、数学、光学、力学等学科研究；名家注重逻辑学；阴阳家注重阴阳五行、天文地理知识；纵横家多侧重政治领域；杂家则兼容并蓄；兵家侧重战争军事；医家侧重医理药学。汉代之后，儒家教育思想成为主流，受教者多学习君子六艺"礼乐射御书数"，明清时期主攻四书五经，人才培养落后于西方世界。

鸦片战争爆发后，有识之士提出改变国内教育思想，师夷长技以制夷、洋务运动、开办传授西方科技知识的洋学堂、送学生留洋等教学思想和措施对原有科举制产生巨大冲击。1905 年，清政府下令停止一切科举考试。新文化运动使中国的知识分子尤其是广大青年受到了一次西方民主和科学思想的洗礼，在社会上掀起了解放思想的思潮。中国共产党也在中国大地上撒下了马克思主义的星星之火。这一时期教育的主流是学习西方科学思想、救国救民等。儒家智育思想受到冲击。但儒家教育思想和教学内容对当今智育工作特别是素质教育工作产生持续影响。

（二）中国共产党智育思想

新中国成立初期，马克思列宁主义政治思想教育和劳动教育并重，力图培养符合无产阶级要求的人才。"文革"结束之后，党中央提出要培养具有社会主义觉悟的人才，以有理想、有道德、有知识、有纪律的"四有新人"为标准，学校更注重知识教育，培养具有高度科学文化水平的劳动者。进入新时期，党和国家赋予"四有新人"新的内涵，推行素质教育，要培养德智体美劳全面发展的综合型人才。增强文化自信、追求真理、参悟道理、明辨事理、志存高远、不懈奋斗是智育培养的重要内容。

第三节　国内外实践教育思想演化过程

一、国外实践教育思想发展简史

欧美教育家与研究者很早就认识到实践教育的重要性。1798 年，美国两名学者玛丽亚·艾吉沃斯和理查德·艾吉沃斯编著的《实践教育》描述了学生通过实践操作活动得到了发展，自出版发行以来，受到广泛重视。20 世纪 90 年代，美国新课程标准运动催发出最佳课堂实践，美国大中小学校倡导实验设计活动，培养学生自主学习的兴趣与技能，促进学生全面发展（胡庆芳、程可拉，2004；曾素林，2013）。美国政府同样注重学校的职业教育、企业培训，让学生具备扎实充分的职业技能。

美国当代科学教育发展变化也表明，实践教育逐渐成为世界教育体系的发展趋势，需要强化实践教育、培养学生能够与时代发展相适应的各种技能。

1914 年，英国学者里格编著的《会思考的手》展示了小学通过广泛的实践活动培养学生动手操作的能力、解决实际问题的能力和创新精神；1983 年，英国学校理事会在分析知名学者关于教育学、课程学的著作时，泛举了大量实践教育案例，肯定了实践教育对学生发展的重要性。1938 年，澳大利亚出版了《公立学校中的实践教育》，反映出教育者转变教学观念、鼓励受教育者开展实践，促成传统教育向现代教育的转型；德国的职业教育最能反映出实践教育特色，德国注重教育与实践相结合，有比较全面的职业技术培训机制，日本强调中小学生实践教育，培养掌握技术的高素质人才（曾素林，2013；郭元祥，2014）。各国对实践教育的重视为我国积极开展实践教育提供了比较丰富的参考资源。

二、国内实践教育思想发展简史

我国古代关于实践教育的内容精彩且丰富。儒家创始人孔子提出博学、慎思、明辨、笃行的思想，从学到行，不过孔子更注重学；墨家代表人物墨翟很重视劳动实践；宋代朱熹倡导力行，将所学转为所行，解决实际问题；陆游传世名句"纸上得来终觉浅，绝知此事要躬行"，对现代实践教育依旧有很深的借鉴意义；明代王守仁强调要在实践中运用知识；明末清初，黄宗羲强调学以致用，王夫之亦强调力行，认为行在学、问、思、辨、行中最重要（曾素林，2013）。

鸦片战争爆发后，有识之士对我国学校教育进行改革，洋务运动中创办了很多新式学校，开展实践教育、实践教学。五四运动后，实践教育走进更多的中小学，实践教育思想逐渐发扬。陶行知的生活即是教育、知行合一的实践教育思想，仍对当代实践教育发展产生持续影响。以黄炎培为代表的教育家们倡导职业教育，强调理论与实际并重。陈鹤琴倡导的活教育、晏阳初倡导的平民教育运动、梁漱溟倡导的乡村教育运动等，都强调实践的重要性，要求学生积极实践，解决实际问题。在中国共产党领导的抗日根据地、解放区中，小学大部分都倡导学生把脑力劳动和体力劳动结合起来，密切联系实际。

新中国成立之后，国家实行教育与生产劳动相结合的教育方针。1999年，中共中央、国务院颁布了《关于深化教育改革全面推进素质教育的决定》（中发〔1999〕9号），重视并大力培养学生实践能力和创新精神的素质教育拉开序幕，随后中央和地方政府大力推行素质教育，实践教育得到较为快速的发展。2010年，教育部公布21世纪首个国家层面的教育发展纲领性文件——《国家中长期教育改革和发展规划纲要2010–2020年》，浓墨重彩地强调了培养学生实践能力的重要性。进入新时代，习近平将劳动和劳动教育融入人的全面发展和全面发展教育（阮成武，2019），提出构建德智体美劳全面培养的教育体系，并培养德智体美劳全面发展的人才。

第四节　基于 CiteSpace 的国内研究现状分析

《中国教育现代化2035》重点部署的面向教育现代化的十大战略任务之一就是发展中国特色世界先进水平的优质教育。中国独特的历史、文化、国情等是"中国特色"的鲜明底色，服务国家和地方经济社会发展是"中国特色"的价值追求，而社会主义办学方向、党的领导、思政育人等是"中国特色"的根本保证（刘堃，2021）。我国双一流人才培养要坚持为人民服务、为中国共产党治国理政服务、为巩固和发展中国特色社会主义制度服务、为改革开放和社会主义现代化建设服务这四个服务，培养担当民族复兴大任的时代新人和德智体美劳全面发展的社会主义建设者和接班人。学术界为此展开了广泛深入的讨论，本节借助CiteSpace6.1.R3 文献计量工具对德育、智育、实践教育等方面的核心文献进行分析，构建领域研究的知识图谱，基于复合学科观，剖析德育、智育、实践教育研究脉络方面的主题分布、演进规律和研究前沿等内容，在此基础上提出农经专业人才三维培养模式。

一、国内德育研究现状分析

在中国知网（CNKI）中，以主题 =（"德育" + "思想政治教育" + "思政教育" + "道德教育"）× "高校"①、（"德育" + "思想政治教育" + "思政教育" + "道德教育"）× "大学"、（"德育" + "思想政治教育" + "思政教育" + "道德教育"）× "高等学校" 和 "期刊来源 =CSSCI" "不设时间跨度" 为方法检索到分布于 1998～2022 年的 7707 篇文献数据，筛选新闻、通告、导语、书评、目录、访谈等不相关文献及重复文献后，最终选择了1998～2022 年的 6319 篇文献数据作为本节文献计量分析的依据。

（一）文献发表量分布

年度文献发表量既反映了相关领域研究重要指标，又是判断研究趋势与成熟度的条件（郑泽宇，2022）。如图 2-1 所示，高校德育研究的时序可以分为两个阶段：

第一阶段为起始发展期（1998～2007 年），该阶段高校德育研究文献数量虽有波动但整体保持增长。1998 年，唐思鲁发表的《对大学德育实施科学管理的思考》、赵野田发表的《国外高校德育的特点、发展趋势及启示》均是起始期高校德育研究的基础文献。唐思鲁（1998）主张德

---

① 关于德育的学术成果丰硕，综合考虑本书研究目标，主要检索与高校德育有关的文献，选择"德育、思想政治教育、思政教育、道德教育"表征德育，"大学、高校、高等学校"表征高校，两组词语组合后进行检索。当然文字表达因人而异，可能会有文献使用不同词语表达与"高校德育"相同或相近意思，本节尽可能地总结这些词语，但仍存在遗漏文献的可能，特此说明。

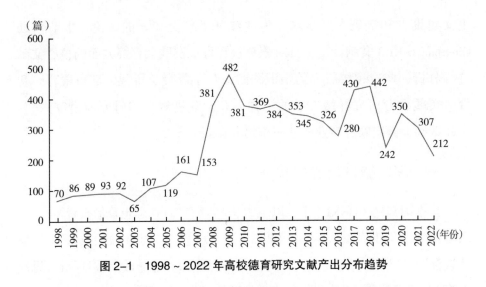

图 2-1　1998～2022 年高校德育研究文献产出分布趋势

育是各级各类学校文化知识传授体系的组成部分并占据首要位置，要运用一般的管理科学的原理和方法，在整个社会以及高校教育环境的影响下，动员校内外各种德育力量协调工作，使大学德育过程的各种机制得到合理的组合并有效地发挥作用；而做好大学德育的科学管理要遵循四项原则，即掌握大学德育科学管理与学校内部一般管理机制的内在联系、掌握大学德育科学管理与社会环境的内在联系、掌握大学德育科学管理同大学生自身成长之间的内在联系、掌握大学德育科学管理过程中教育者与受教育者之间的内在联系。赵野田（1998）从"德育目标""德育内容"两方面分析不同国家高校德育的共性与个性，总结出国外高校德育具有坚持教育的连续化和统一性、注重教育的实用性和实效性、强调内容的多样性与层次性、教育方式的灵活性四个特征，呈现出日益重视学校德育，学校德育的内容日益扩大，学校德育形式的综合化、网络化和实践化，学校德育方法的多样化和学校德育的科学化等发展趋势。作者认为，国外高校德育工作的特征和发展趋势，启示国内高校德育必须与本国社会文化发展变化相适应、相协调，必须以与本国政治经济制度相适应的思想、理论为指导，必须建构完善的内容体系，必须将培养民族精神作为学校德育的长期目标。

第二阶段为快速发展期（2008 年至今），该阶段高校德育研究文献急速发展，2009 年达到峰值 482 篇，随后发文量呈缓慢下降趋势，2016 年达到谷值 280 篇后数量猛增至 2017 年的 430 篇、2018 年的 442 篇，2019 年下降至 242 篇，2020 年激增到 350 篇后下降，2022 年前三季度发文量为212 篇。总体来看，高校德育一直是高等教育人才培养关注的热点领域，此阶段发文量波动较频繁，总量保持较高水平，高校德育与国家政治、文化发展息息相关。此阶段国家政治、教育、文化重大事件包括但不限于如下内容：

2006 年，胡锦涛提出"要引导广大干部群众特别是青少年树立以'八荣八耻'为主要内容的社会主义荣辱观"。2007 年 10 月，党的十七大把科学发展观写入党章，并强调"建设社会主义核心价值体系，增强社会主义意识形态的吸引力和凝聚力……弘扬中华文化，建设中华民族共有精神家园……要全面贯彻党的教育方针，坚持育人为本、德育为先……"。2008 年，中国经历了南方低温雨雪冰冻灾害、汶川地震，抗灾过程中表现出勇敢与团结、自强不息与艰苦奋斗的精神；成功举办第二十九届奥运会，申奥历程、举办过程中"蕴含的巨大的民族自尊心、自信心、自豪感和凝聚力，振奋民族精神，弘扬爱国主义"（黄宏，2008）。2008 年 9 月，中共中央印发《关于在全党开展深入学习实践科学发展观活动的意见》，2008 年 9 月至 2010 年 2 月，全党分批开展了这一活动。2009 年 10 月，胡锦涛在庆祝中华人民共和国成立 60 周年大会上强调，全党全军全国各族人民要继续以自己的辛勤劳动和不懈奋斗为人类作出新的更大的贡献。2010 年 4 月，中共中央、国务院制定的《国家中长期人才发展规划纲要（2010—2020 年）》中明确提出，"把社会主义核心价值体系教育贯穿人才培养开发全过程，不断提高各类人才的思想道德水平"。2010年7月，中共中央、国务院印发的《国家中长期教育改革和发展规划纲要（2010—2020年）》第二章战略目标和战略主题章节中明确提出，到2020年"学生思想道德素质、科学文化素质和健康素质明显提高"，并"坚持以人为本、全面实施素质教育是教育改革发展的战略主题……坚持德育为先……把德育渗透于教育教学的各个环节……"。

2011年7月，胡锦涛在庆祝中国共产党成立90周年大会上指出，"坚持德才兼备、以德为先用人标准……形成以德修身、以德服众、以德领才、以德润才、德才兼备的用人导向……抓紧培养造就青年英才……把社会主义核心价值体系建设融入国民教育、精神文明建设和党的建设全过程……加强对青少年的德育培养"。2012年11月，胡锦涛在中国共产党第十八次全国代表大会上的报告中强调，"要深入开展社会主义核心价值体系学习教育，用社会主义核心价值体系引领社会思潮、凝聚社会共识……要坚持依法治国和以德治国相结合，加强社会公德、职业道德、家庭美德、个人品德教育，弘扬中华传统美德，弘扬时代新风……把立德树人作为教育的根本任务"。2013年5月，中共中央印发《关于在全党深入开展党的群众路线教育实践活动的意见》。2013年6月至2014年9月，全党分两批开展以为民务实清廉为主要内容的党的群众路线教育实践活动，集中整治形式主义、官僚主义、享乐主义和奢靡之风"四风"问题。2013年12月，中共中央办公厅印发《关于培育和践行社会主义核心价值观的意见》，指出"富强、民主、文明、和谐，自由、平等、公正、法治，爱国、敬业、诚信、友善，是社会主义核心价值观的基本内容"。2015年10月，国务院印发《统筹推进世界一流大学和一流学科建设总体方案》，明确提出，双一流建设任务之一就是"坚持立德树人，突出人才培养的核心地位，着力培养具有历史使命感和社会责任心，富有创新精神和实践能力的各类创新型、应用型、复合型优秀人才"。

2016年12月，习近平在全国高校思想政治工作会议上强调，"高校立身之本在于立德树人……要坚持不懈培育和弘扬社会主义核心价值观，引导广大师生做社会主义核心价值观的坚定信仰者、积极传播者、模范践行者……思想政治工作从根本上说是做人的工作，必须围绕学生、关照学生、服务学生，不断提高学生思想水平、政治觉悟、道德品质、文化素养，让学生成为德才兼备、全面发展的人才"（张烁，2016）。2017年10月，习近平在十九大报告中指出，"在全党开展'不忘初心、牢记使命'主题教育，用党的创新理论武装头脑，推动全党更加自觉地为实现新时代党的历史使命不懈奋斗……要培育和践行社会主义核心价值观。要以培养担当民族复兴大任的时代新人为着眼点，强化教育引导、实践养成、制度保障，发挥社会主义核心价值观对国民教育、精神文明创建、精神文化产品创作生产传播的引领作用，把社会主义核心价值观融入社会发展各方面，转化为人们的情感认同和行为习惯"。2019年5月，中共中央政治局召开会议，决定从2019年6月开始，在全党自上而下分两批开展"不忘初心、牢记使命"主题教育。2019年5月，习近平在"不忘初心、牢记使命"主题教育工作会议上强调，"开展'不忘初心、牢记使命'主题教育，要牢牢把握'守初心、担使命，找差距、抓落实'的总要求，牢牢把握深入学习贯彻新时代中国特色社会主义思想、锤炼忠诚干净担当的政治品格、团结带领全国各族人民为实现伟大梦想共同奋斗的根本任务，努力实现理论学习有收获、思想政治受洗礼、干事创业敢担当、为民服务解难题、清正廉洁作表率的具体目标，确保这次主题教育取得预期效果"（新华社，2019）。2019年6月，中共中央发出关于印发《习近平新时代中国特色社会主义思想学习纲要》（以下简称《纲要》）的通知，要求将《纲要》作为广大干部群众深入学习领会习近平新时代中国特色社会主义思想的重要辅助读物，并紧密结合"不忘初心、牢记使命"主题教育，把《纲要》纳入学习计划，开展多形式、分层次、全覆盖的学习培训。2019年3月，习近平主持召开学校思想政治理论课教师座谈会强调，"用新时代中国特色社会主义思想铸魂育人 贯彻党的教育方针落实立德树人根本任务"（张烁，2019）。

2020年1月，习近平在"不忘初心、牢记使命"主题教育总结大会上强调，要"增强'四个意识'、坚定'四个自信'、做到'两个维护'"。2020年9月，中共中央办公厅印发了《关于巩固深化"不忘初心、牢记使命"主题教育成果的意见》，强调要"坚持用习近平新时代中国特色社会主义思想武装全党""强化理想信念教育和党性教育"。2021年7月，习近平在庆祝中国共产党成立100周年大会上强调，"新时代的中国青年要以实现中华民族伟大复兴为己任，增强做中国人的志气、骨气、底气，不负时代，不负韶华，不负党和人民的殷切期望"。2022年5月，习近平在庆祝中国共产主义青年团成立100周年大会上强调，"新时代的广大共青团员，要做理想远大、信念坚定的模范，带头学习马克思主义理论，树立共产主义远大理想和中国特色社会主义共同理想，自觉践行社会主义核心价值观，大力弘扬爱国主义精神……要做崇德向善、严守纪律的模范，带头明大德、守公德、严私德"。

上述重大事件发生后对高校德育工作产生重要影响，学术界就相关内容展开了热烈讨论。

（二）科研合作

学术研究的作者合作程度是判断学科研究进展的重要指标，毕竟单一作者的研究成果虽能反映其研究能力，但无法展示学科研究全貌，而良好的科研合作关系有助于学科体系走向成熟。科研合作包括机构合作和作者合作两个层次，为了清晰简洁地识别研究机构和研究作者的学术合作和联络情况，分别绘制机构、作者、"机构＋作者"分布图谱，如图2-2~图2-4所示。

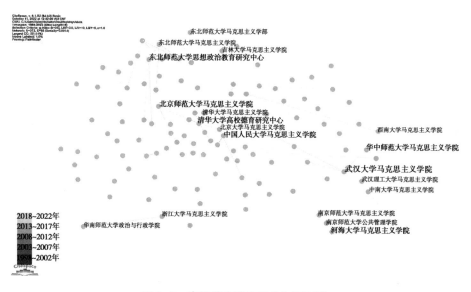

图 2-2 高校德育研究机构知识图谱

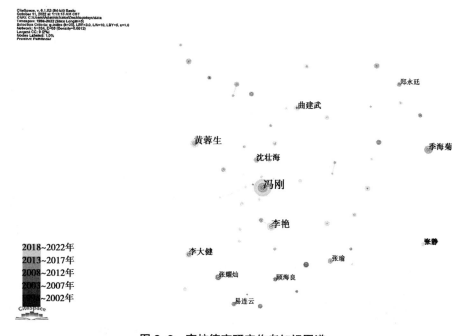

图 2-3 高校德育研究作者知识图谱

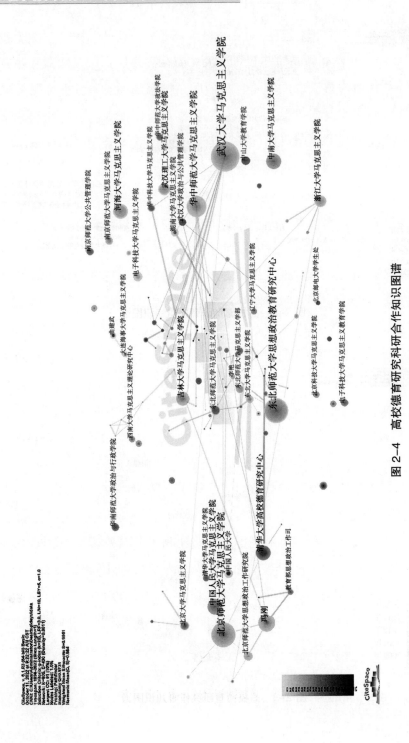

图 2-4　高校德育研究科研合作知识图谱

从研究机构（见图2-2）的分布来看，关于高校德育教育研究主要以高校相关学科智库为主，吉林、北京、湖北、浙江、江苏等地高校发文量较高，东北师范大学、北京师范大学、华南师范大学、南京师范大学等师范类高校，吉林大学、北京大学、清华大学、浙江大学、武汉大学、西南大学、河海大学、中南大学等综合类高校，对高校德育教育研究关注度较高，是高校德育教育研究的中坚力量，从研究属性看多为马克思主义、思想政治、政治、行政等方面的研究智库。

从作者（见图2-3）看，初步形成以冯刚、顾海良、黄蓉生、季海菊、李大健、李艳、曲建武、沈壮海、易连云、张静、张耀灿、张瑜、郑永廷等为核心的研究团队，作者之间合作也比较紧密。

从科研合作（见图2-4）看，图谱中连线的密集和粗细程度反映了机构间、作者间科研合作的紧密程度。地域上，东三省及北京、江苏、湖北等省市的学者产出比较多，研究团队方面，以冯刚、李艳、曲建武等为核心的研究团队已经形成，初步形成团队间交流、联系较为紧密的学术共同体。整体来看，高校德育研究科研合作图谱的密度值为0.0011，低于0.1的正常水平，合作连线细短，反映了高校德育研究科研合作还不够紧密，研究机构和作者分散化、独立化的特征明显。

（三）高频被引文献分布

文献的被引频次与相关研究的学术影响力息息相关（吴俊，2017），高频被引便反映了相关文献在生态扶贫研究领域的学术影响力和知识中心性。高校德育研究被引频次100次及以上的文献共105篇，其中，被引频次100~199次的有78篇，被引频次200~299次的有17篇，被引频次300次及以上的有10篇。通过整理高校德育教育前10篇高频被引文献（见表2-1）并分析相关文献的研究内容，可以了解高校德育领域研究的知识基础。由表2-1可知，在排名前10的高频被引文献中，只有郑元景的《新媒体环境下高校思想政治教育实效性探析》、尹晓敏的《微博兴起背景下大学生思想政治教育的挑战与应对》2篇文献发表在2011年，其余文献发表在2017~2019年，与图2-1共同反映了2017年、2018年两年是高校德育研究的高峰期之一。高校德育研究领域的最高被引文献是高德毅、宗爱东于2017年发表的《从思政课程到课程思政：从战略高度构建高校思想政治教育课程体系》，被引频次高达2917次，远超后序文献的被引频次。该文主张"树立'课程思政'理念，强调学校教育应具备360度德育'大熔炉'的合力作用；构建思想政治理论课、综合素养课程、专业课程三位一体的高校思政课程体系；发挥思政课的'群舞中领舞'作用，实现所有高校课程的'共舞中共振'效应"。高德毅、宗爱东2017年发表的《课程思政：有效发挥课堂育人主渠道作用的必然选择》也具有显著超越后序文献的被引频次（1899次）。该文主张"提升高校思想政治教育实效性，必须充分发挥课堂育人主渠道作用，按照'办好中国特色社会主义大学，要坚持立德树人，把培育和践行社会主义核心价值观融入教书育人全过程'的根本要求，将学科资源、学术资源转化为育人资源，实现'知识传授'和'价值引领'有机统一，推动'思政课程'向'课程思政'的立体化育人转型"。这两篇高频被引文献的研究内容和研究思路为后续高校德育研究提供了观点支持。

表2-1　高校德育研究10篇高频被引文献

序号	作者	题名	期刊名称	年份	被引频次
1	高德毅、宗爱东	从思政课程到课程思政：从战略高度构建高校思想政治教育课程体系	中国高等教育	2017	2917
2	高德毅、宗爱东	课程思政：有效发挥课堂育人主渠道作用的必然选择	思想理论教育导刊	2017	1899
3	何红娟	从"思政课程"到"课程思政"发展的内在逻辑及建构策略	思想政治教育研究	2017	700
4	石书臣	正确把握"课程思政"与"思政课程"的关系	思想理论教育	2018	524

续表

序号	作者	题名	期刊名称	年份	被引频次
5	郑元景	新媒体环境下高校思想政治教育实效性探析	思想理论教育导刊	2011	507
6	吴月齐	试论高校推进"课程思政"的三个着力点	学校党建与思想教育	2018	430
7	尹晓敏	微博兴起背景下大学生思想政治教育的挑战与应对	思想教育研究	2011	398
8	王海建	"00后"大学生的群体特点与思想政治教育策略	思想理论教育	2018	360
9	刘承功	高校深入推进"课程思政"的若干思考	思想理论教育	2018	337
10	胡洪彬	课程思政：从理论基础到制度构建	重庆高教研究	2019	307

注：数据截至 2022 年 10 月 12 日。

总体来看，表 2-1 高频被引文献的研究内容可分为三种：一是从理论、实践等不同角度思考研判高校思想政治教育课程理论基础、制度构建，以及科学剖析"思政课程""课程思政"两者之间的关系，如序号 1、序号 2、序号 3、序号 4、序号 6、序号 9、序号 10；二是分析新闻传播媒介发展演化对高校思想政治教育工作的影响，如序号 5、序号 7；三是分析特殊群体思想政治教育工作的特点，如序号 8。这三类内容反映了思想政治教育是高校德育工作开展的基础，印证了"思想政治工作是一切工作的生命线"。

（四）研究主题分析

关键词是研究成果的核心展现。关键词频次越高，表明围绕该关键词的研究频率越高，对关键词词频与分布进行科学统计，则可揭示相关领域研究主题热点分布的规律。利用 CiteSpace 软件绘制了高校德育研究关键词共现知识图谱，如图 2-5 所示。图 2-5 的网络密度为 0.0046。图中关键词节点的形状越大，表明其在高校德育研究中出现的频次越高，围绕其所形成的研究成果影响越深远，关键词之间的连线则反映了相关节点在高校德育研究中的逻辑关系。由图2-5可知，高校德育研究中最大的关键词节点包括"高校""大学生""高校德育""德育""创新"，这些关键词是整个图谱的中心，占据图谱面积最大，表明其在高校德育研究中的最高研究热度，反映出高校德育的主要对象（大学生）、主要范围（高校）和工作要求（德育、创新），引发了相关研究。

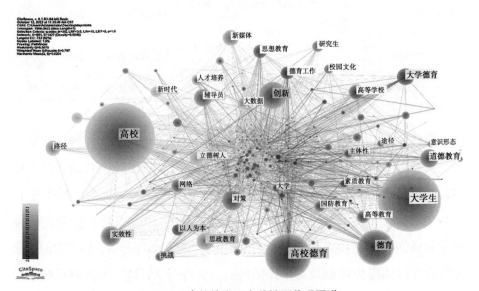

图2-5　高校德育研究关键词共现图谱

进一步地，通过 CiteSpace 软件的词频统计功能梳理了高校德育研究词频较高的20个关键词，如表2-2所示。在上述关键词节点之外，高校德育研究较为显著的关键词节点还包括"实效性""立德树人""对策""思政教育""新时代""新媒体""辅导员""道德教育""大学德育""课程思政""路径""高等学校""劳动教育""德育工作"。这些词指向高校德育的具体内容，通过连线与高频关键词相关联，反映了高校德育研究的细化。

表 2-2　高校德育研究高频关键词排序

序号	关键词	频次	序号	关键词	频次
1	高校	846	11	新媒体	101
2	大学生	691	12	辅导员	101
3	高校德育	340	13	道德教育	100
4	德育	238	14	大学德育	84
5	创新	157	15	课程思政	84
6	实效性	118	16	路径	81
7	立德树人	113	17	高等学校	77
8	对策	112	18	劳动教育	75
9	思政教育	103	19	德育工作	59
10	新时代	102	20	网络	59

　　在图 2-5 的基础上，通过提取高校德育研究关键词的聚类标签，结合聚类标签可以判断高校德育的研究前沿。利用 CiteSpace 软件的聚类算法，绘制了高校德育研究的关键词聚类图谱，如图 2-6 所示。图 2-6 的模块 Q=0.5079，轮廓值 S=0.797，Q 值大于 0.3、S 值大于 0.5 说明图 2-6

图 2-6　高校德育研究关键词聚类图谱

的聚类结构比较合理（陈悦等，2015），清晰体现了高校德育研究聚类间的结构特征、标签词名及其连线。由图 2-6 可知，高校德育研究主要形成了 14 个显著的聚类：#0 高校、#1 高校德育、#2 课程思政、#3 德育、#4 大学生、#5 实效性、#6 大学德育、#7 立德树人、#8 创新、#9 道德教育、#10 劳动教育、#11 辅导员、#12 主体性、#13 接班人。

借助 CiteSpace 的聚类关键词信息汇总功能，整理了上述聚类标签下的代表性关键词，如表 2-3 所示，对这些关键词的把握，有助于理解各个聚类的主要研究内容，把握高校德育研究前沿。图 2-6 和表 2-3 说明，就研究前沿来看：

第一，#0 高校、#4 大学生、#11 辅导员、#12 主体性指向高校德育的相关主体，学校、老师、学生共同参与高校德育工作。

第二，#2 课程思政、#3 德育、#6 大学德育、#7 立德树人、#9 道德教育、#10 劳动教育共同指向高校德育的重要内容，以人为本、德育优先。

第三，#5 实效性、#8 创新共同指向了对高校德育工作的要求，即与时俱进、符合时代发展趋势，同时开拓创新。

第四，#13 接班人指向了高校德育工作的重要任务是培养社会主义事业的接班人。此外，#1 高校德育指向了高校德育工作的整体发展。

表 2-3　高校德育研究聚类名称及关键词节选

聚类编号	聚类名称	年份	关键词聚类（节选）
#0	高校	2009	网络文化、微信、影响、冲击、手机文化高校、对策、网络、思想政治教育、挑战实践基础、师资、建构路径、中国高校德育
#1	高校德育	2006	生态竞争、德育生态、专业伦理、高校德育生态竞争、德育管理、高校德育、思想政治教育、高校、主体、特征、身份确认、社会文化知识、心理测量、我国高等教育
#2	课程思政	2015	价值引领、思政课程、教学改革、大学英语、思政课、课程思政、思政教育、协同育人、价值引领、哲学社会科学理论、"四个自信"、育人质量、应对机制

续表

聚类编号	聚类名称	年份	关键词聚类（节选）
#3	德育	2008	网络舆情、美学、美育、引导、价值内涵、德育、大学、功能、德育目标、生活世界、知识、自由
#4	大学生	2010	法制教育、调查分析、法律意识、微信、大学生、新媒体、思想教育、法制教育、思想政治教育、理性规约、法制教育改革、意识形态的安全性
#5	实效性	2007	价值理性、工具理性、马克思主义理论学科建设、和谐环境、社会主义现代化建设、实效性、德育工作、高等教育、育人、大众化、高校扩招、方法和手段、教育思想、五个结合
#6	大学德育	2003	主渠道、主阵地、市场经济、人文教育、大学德育、社会主义、高校、高等工程教育、高校德育环境、政治思想工作
#7	立德树人	2014	教育部、网络育人、本科专业、普通高校、创新发展、立德树人、新时代、路径、国防教育、创新发展、工作要点、德艺双馨、7s 模型
#8	创新	2009	价值取向、研究综述、团队精神、比较、创新、启示、研究生、文化、马克思主义宗教观、教育基础理论、育人模式
#9	道德教育	2008	高校教师、质量评价、以德治校、实现路径、道德教育、高等学校、人文关怀、以人为本、社团建设、组织建构、改进创新、评价指标
#10	劳动教育	2012	中国梦、话语权、劳动教育、创业教育、有效性劳动教育、人才培养、有效性、自媒体、课程体系、乡村振兴、日常生活劳动、内在动力、三个结合
#11	辅导员	2009	职业化、专业化、地方高校、职业、队伍建设、辅导员、长效机制、高校教育工作
#12	主体性	2003	公民意识、德育理论、工匠精神、校园伦理、主体性、学校德育、公民教育、导师队伍、公民素质、疏导性
#13	接班人	2007	建设者、接班人、科学化水平、经验、基本经验、改革开放、发展、引领作用、基层指挥员、和谐发展

利用 CiteSpace 的突现词检测功能进一步验证上述研究前沿的准确性。通过突现词检测可以把握不同阶段出现的突现词及其强度，表明学界对

高校德育研究突现词的关键频率和关注度，依次强化对领域研究前沿的把握。高校德育研究成果丰硕，突现词较多，本节主要展示排名前 20 的突现词。图 2-7 中的突现词按时序可分类两阶段：早期阶段（1998～2007年），突现词为高校德育、大学德育、德育工作、社会主义、素质教育、德育、以人为本等；发展阶段（2008 年至今），在早期研究的基础上，突现词集中于改革开放、微博、新媒体、自媒体、大数据、思政教育、协同育人、立德树人、路径、新时代、课程思政、劳动教育等。其中，大数据等 8 个突现词一直延续到 2022 年，反映出新时代高校德育与时俱进，如何利用大数据等先进手段，积极开展德育育人，更是学界关注的前沿内容。

关键词	时间	字数	开始	结束	1998~2022年
高校德育	1998	50.09	1998	2007	
大学德育	1998	18.7	1998	2008	
德育工作	1998	15	1998	2002	
社会主义	1998	10.59	1998	2002	
素质教育	1998	9.1	1999	2008	
德育	1998	7.98	1999	2008	
以人为本	1998	11.52	2003	2010	
启示	1998	9.8	2007	2011	
改革开放	1998	9.22	2008	2010	
微博	1998	10.42	2011	2014	
新媒体	1998	22.59	2014	2018	
自媒体	1998	8.17	2014	2019	
大数据	1998	17.66	2015	2022	
思政教育	1998	18.36	2016	2022	
协同育人	1998	10.7	2016	2022	
立德树人	1998	40.99	2017	2022	
路径	1998	9.41	2017	2022	
新时代	1998	46.15	2018	2022	
课程思政	1998	35.76	2018	2022	
劳动教育	1998	38.81	2019	2022	

图 2-7　高校德育研究突现词网络

二、国内智育研究现状分析

不同学科不同专业对学生专业知识、技能等专业素养的要求不同，本节重点关注农林经济管理专业学生专业素养培养方面的研究成果。在《普通高等学校本科专业目录（2020 年版）》中，农业经济管理类专业下设农林经济管理、农村区域发展两个专业。在《贵州大学 2023 年硕士研究生招生专业目录》中，农林经济管理专业下设农业经济管理、林业经济管理、农村与区域发展三个研究方向。在《贵州大学 2022 年博士研究生招生专业目录》中，农林经济管理专业下设农业经济管理、林业经济管理、农村区域发展三个研究方向。因此在中国知网（CNKI）中，以主题 ="农林经济管理专业"[①]"农经专业""农业经济管理专业""农经类专业""农林经济类专业""农业管理类专业""农村区域发展专业""林业经济管理专业""林经专业""期刊来源 = 全部""不设时间跨度"为方法检索到分布于 1985～2022 年的 589 篇文献数据，筛选新闻、通告、导语、书评、目录等不相关文献后，最终选择了 1985～2022 年的 577 篇文献数据作为本节文献计量分析的依据。

（一）文献发表量分布

如图 2-8 所示，农经专业相关研究的时序可以分为两个阶段：

第一阶段为起始期（1985～2009 年），该阶段农经专业相关研究文献整体数量较少，文献数量平缓、总体呈现缓慢增长的态势。朱甸余（1985）和赵锐的论文是农经专业相关研究领域较早的两篇基础文献，其中朱甸余发表的《对培养农业经济及管理专业研究生的一些设想》认为，加强农经专业人才培养，应致力于挖掘人才提高研究能力、攻读课程以配合科研打基础开思路为原则，培养学生向四个方面发展，即成为"智

[①] 本节尽可能总结与农经专业智育相关的词语表达和文献，但文字表达因人而异，仍存在遗漏文献的可能，特此说明。

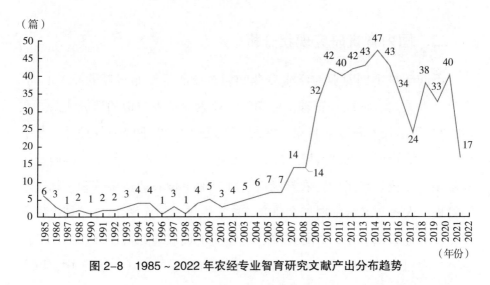

图 2-8 1985～2022 年农经专业智育研究文献产出分布趋势

能较强、善于开拓者""刻苦钻研、数理基础较好者""观察敏锐、善于把握矛盾者""能博览群籍、擎长补短、善于综合者",助力"四化"建设。赵锐发表的《农经专业教育改革的初步设想》主张农经专业教育的改革应重点考虑:一是加强学生的智能教育,把培养开放型、创造型的人才作为改革的中心内容;二是在课程设置上突破陈旧的模式,拓宽学生的知识面;三是突破教师讲、学生听、满堂灌的教学方法,实行以培养能力为中心的启发式教学;四是加强实践性教学环节,培养学生的实际工作能力;五是以培养能力为中心,充分调动学生的学习活力,改革招生考试及分配办法;六是加强思想政治工作,培养高质量的农业经济管理人才;七是加强师资队伍建设,调节教师的智能结构。两位作者的文章为后续研究深化奠定了基础。

第二阶段为发展期(2010 年至今),该阶段相关研究文献数量明显上升,2011～2017 年发文数量保持在高位,在 2015 年达到峰值 47 篇,2018 年数量下降至峰谷 24 篇之后数量有所提升。

(二)科研合作

从研究机构(见图 2-9)分布看,研究农经专业相关问题主要以高校

图 2-9 农经专业智育研究机构知识图谱

相关学科智库为主，吉林、北京、新疆、福建等地高校发文量较高，北京林业大学、东北林业大学、东北农业大学、福建农林大学、南京农业大学等，对农经专业相关研究关注度较高，是农经专业相关研究的中坚力量，从研究属性看多为经济管理方面的研究智库。从作者（见图2-10）看，初步形成以曾芳芳、丁胜、何蒲明、侯立白、孔令英、黎东升、许家林、余志刚、朱朝枝、朱利群等作者为核心的研究团队，作者之间合作并不紧密。

从科研合作（见图2-11）看，图谱中连线的密集和粗细程度反映了研究农经专业相关问题的机构间、作者间科研合作的紧密程度。地域上，东三省及北京、江苏、湖北等省市学者产出比较多。研究团队方面，以朱朝枝、余志刚、曾芳芳等作者为核心的研究团队已经形成，尚未形成团队间交流、联系紧密的学术共同体。整体来看，高校农经专业智育研究科研合作图谱的密度值为 0.0046，低于 0.1 的正常水平，合作连线细短，反映了研究农经专业相关问题的科研合作还不够紧密，研究机构和作者分散化、独立化的特征。

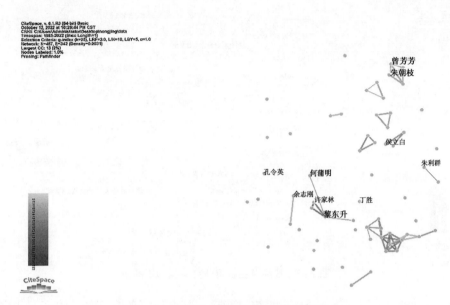

图 2-10 农经专业智育研究作者知识图谱

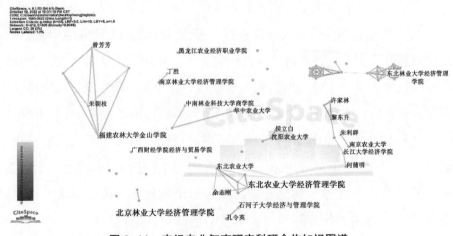

图 2-11 农经专业智育研究科研合作知识图谱

（三）高频被引文献分布

农经专业智育研究被引频次 10 次及以上的文献共 49 篇，其中被引频次 10~19 次的 39 篇，被引频次 20~29 次的 9 篇，被引频次 30 次及以上的 1 篇。通过整理农经专业相关研究前 10 篇高频被引文献（见表 2-4）并分析相关文献的研究内容，可以了解农经专业相关研究的知识基础。由表 2-4 可知，在排名前 10 的高频被引文献中，只有路以兴、高萍《基于"三全育人"理念的专业课程思政育人工作的思考——以高职农业经济管理专业为例》1 篇发表在 2019 年，其余文献发表在 2014 年及以前，说明早期文献对农经专业相关问题研究整体知识的贡献比较大。农经专业相关研究领域最高被引文献是张於倩等在 2006 年发表的《农林经济管理专业课程体系改革对策研究》，该文通过对农林经济管理专业课程设置现状及存在问题进行分析，提出了农林经济管理专业课程体系改革要根据社会经济发展需要调整农林经济管理专业人才培养目标；合理优化专业课程体系，加强专业课程的系统性和完整性；组织编写专业主干课程统一的教学大纲和统编教材；教学内容调整要体现前沿性、科学性、实用性、少而精，实现整体优化；加大选修课备选范围，根据学生职业趋向选择模块；不断改进专业课程教学方法和手段，提高教学效果。该最高频被引文献的研究内容和研究思路为后续农经专业相关研究提供了观点支持。

总体来看，表 2-4 高频被引文献的研究内容可分为两种：一是关注农经专业课程体系建设与改革，如序号 1、序号 4、序号 8、序号 10；二是关注农经专业人才培养模式的探索与创新，如序号 2、序号 3、序号 5、序号 6、序号 7、序号 9。

表 2-4　农经专业智育研究 10 篇高频被引文献

序号	作者	题名	刊名	年份	被引频次
1	张於倩、李顺龙、马文学、万志芳、王玉芳、李微	农林经济管理专业课程体系改革对策研究	中国林业教育	2006	30
2	高志强	卓越农林人才培养的运行机制——以湖南农业大学为例	农业工程	2014	28

续表

序号	作者	题名	刊名	年份	被引频次
3	李翠霞、黄凤、余志刚	基于农业现代化的农业经济管理专业创新型人才培养途径	黑龙江高教研究	2013	28
4	许文娟、侯立白、贾燕	农村区域发展专业实践教学体系的构建与实践	高等农业教育	2005	28
5	孟全省	农林经济管理专业拔尖创新人才培养模式的探索	高等农业教育	2011	25
6	李崇光、关桓达、任宇华、王雅鹏、齐振宏	农林经济管理"一体两翼"人才培养模式改革与实践	高等农业教育	2008	23
7	郭翔宇、崔宁波、庞金波	农业高校农林经济管理专业本科人才培养模式创新探讨	东北农业大学学报（社会科学版）	2009	22
8	刘强、戚迪明、张广胜、江金启	适应就业市场需求的农林经济管理专业课程体系改革探索	高等农业教育	2009	21
9	路以兴、高萍	基于"三全育人"理念的专业课程思政育人工作的思考——以高职农业经济管理专业为例	黑龙江生态工程职业学院学报	2019	20
10	周月书、张兵	论农业经济管理专业本科课程体系改革	高等农业教育	2006	20

注：数据截至 2022 年 10 月 12 日。

（四）研究主题分析

利用 CiteSpace 软件绘制了农经专业智育研究关键词共现知识图谱，如图 2-12 所示。图 2-12 的网络密度为 0.0066。由图 2-12 可知，农经专业相关研究中最大的关键词节点包括"人才培养""实践教学""教学改革""农经专业"，这些关键词是整个图谱的中心，占据图谱面积最大，表明其在农经专业相关研究中的最高研究热度，反映出农经专业的主要任务（人才培养）、主要路径（实践教学、教学改革）。

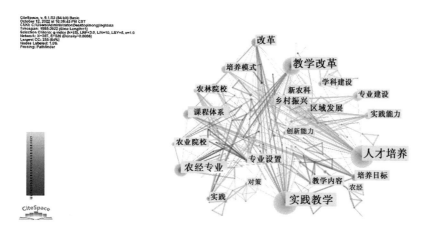

图 2-12 农经专业智育研究关键词共现图谱

进一步地，通过 CiteSpace 软件的词频统计功能梳理了农经专业相关研究词频较高的 20 个关键词，如表 2-5 所示。在上述关键词节点之外，农经专业相关研究较为显著的关键词节点还包括"课程体系""改革""专业建设""培养模式""新农科""乡村振兴""实践能力""培养目标""实践""农业院校""创新能力""学科建设""建设""课程设置""实验教学""教学内容"。这些词指向高校农经专业智育的具体内容，通过连线与高频关键词相关联，反映了高校农经专业智育研究的细化（见表 2-5）。

表 2-5 农经专业智育研究高频关键词排序

序号	关键词	频次	序号	关键词	频次
1	实践教学	56	11	实践能力	9
2	人才培养	53	12	培养目标	8
3	教学改革	37	13	实践	8
4	农经专业	23	14	农业院校	7
5	课程体系	19	15	创新能力	7
6	改革	17	16	学科建设	7
7	专业建设	15	17	建设	7
8	培养模式	14	18	课程设置	7
9	新农科	12	19	实验教学	6
10	乡村振兴	11	20	教学内容	6

在图 2-12 的基础上，通过提取农经专业相关研究关键词的聚类标签，结合聚类标签可以判断农经专业相关研究的研究前沿。利用 CiteSpace 软件的聚类算法，绘制了农经专业智育研究的关键词聚类图谱，如图 2-13 所示。图 2-13 的模块 Q=0.7875，轮廓值 S=0.9278，Q 值大于 0.3、S 值大于 0.5，说明图 2-13 的聚类结构比较合理，清晰地体现了农经专业智育研究聚类间的结构特征、标签词名及其连线。由表 2-6 可知农经专业智育研究主要形成了 12 个显著的聚类：#0 实践教学、#1 人才培养、#2 专业设置、#3 实践能力、#4 农经专业、#5 教学改革、#6 新农科、#7 调查、#8 教学内容、#9 农经、#10 课程设置、#11 学科建设。

图 2-13　农经专业智育研究关键词聚类图谱

表 2-6　农经专业智育研究聚类名称及关键词节选

聚类标签	聚类名称	年份	关键词聚类（节选）
#0	实践教学	2010	培养目标、课程体系、实践教学、实验教学、农村区域发展实践教学、培养目标、课程体系、改革、农村区域发展、培养过程、体系构建、乡村实践、乡村建设

续表

聚类标签	聚类名称	年份	关键词聚类（节选）
#1	人才培养	2008	人才培养、改革创新、网络资源、本科专业、培养、人才培养、建设、专业、改革创新、模式、创新型人才、农业前景、人才需求、国际对比
#2	专业设置	2005	专业设置、高等教育、农林院校、满意度、专业建设、培养机制、专业实践、教学团队、高校管理专业人才、不发达地区
#3	实践能力	2013	实践能力、专业学位、区域发展、能力、农村与区域发展实践能力、区域发展、培养模式、农村区域、创新能力、农学结合、农经人才、"一懂两爱"
#4	农经专业	2006	农经专业、应用、农业院校、农经、农村经济、课程、信息技术、专业核心能力、农村经济管理、大学专业教育
#5	教学改革	2008	教学改革、改革、财务分析、农村经济、财务、实践、能力、创新、官产学合作、创新模式、科研、一流专业、学生
#6	新农科	2019	新农科、课程思政、乡村振兴、农林经济管理专业、农林经济管理、新农科、专业仿真、农业管理人才、公共政策、cdio 理念
#7	调查	2013	调查、双语、双语教学、高等院校、本科生、对策、制约因素、创新创业教育、教学满意度、成因
#8	教学内容	2001	农经管理、教学内容、教学、农经、改革、改革研究、改革思路、农业高校、改革措施
#9	农经	2009	农经、微课、课程考核、综合、信息化、就业、方法
#10	课程设置	2009	课程设置、专业硕士、能力培养、培养、融会式分级教学法、学术硕士、因子分析、专业教学
#11	学科建设	2015	学科建设、学科、专业发展、建设、农林经济管理学科、农业推广、大类招生

　　借助 CiteSpace 的聚类关键词信息汇总功能，整理了上述聚类标签下的代表性关键词，如表 2-6 所示，对这些关键词的把握，有助于理解各个聚类的主要研究内容，把握农经专业相关研究前沿。图 2-13 和表 2-6

说明，就研究前沿看：

第一，#2 专业设置、#4 农经专业、#6 新农科、#9 农经、#10 课程设置、#11 学科建设共同指向农经专业整体发展。

第二，#0 实践教学、#5 教学改革、#8 教学内容指向农经专业人才培养内容。

第三，#1 人才培养、#3 实践能力指向了对农经专业人才培养目标要求。

第四，#7 调查指向了农经专业在评价教学效果、追溯问题成因时的路径，即通过调查的方式进行。

利用 CiteSpace 的突现词检测功能来进一步验证上述研究前沿的准确性。通过突现词检测可以把握不同阶段出现的突现词及其强度，表明学界对农经专业相关研究突现词的关键频率和关注度，依次强化对领域研究前沿的把握。农经专业相关研究成果有待增加，突现词较少，本节主要展示排名前 13 的突现词。图 2-14 中的突现词按时序可分为两个阶段：早期阶段（1998～2009 年），突现词为农经专业、专业设置、农经管理、培养目标、改革等；发展阶段（2010 年至今），在早期研究的基础上，突现词集中在课程设置、实践、高职、实践能力、创新能力、应用型、乡村振兴、新农科等，其中应用型等 3 个突现词一直延续到 2022 年，反映出在乡村全面振兴的时代背景下和新农科建设的发展趋势下，如何培养高质量应用型农经专业人才更是学界关注的前沿内容。

三、国内实践教育研究现状分析

在中国知网（CNKI）中，以主题＝（"实践教育"＋"实践教学"＋"实践探索"＋"创新创业教育"＋"创业教育"＋"双创"＋"教育实践"＋"教

关键词	时间	字数	开始	结束	1985~2022年
农经专业	1985	4.3	1985	1998	
专业设置	1985	2.06	1985	2004	
农经管理	1985	1.94	1996	2001	
培养目标	1985	3.13	2003	2009	
改革	1985	3.37	2006	2009	
课程设置	1985	2.81	2010	2014	
实践	1985	2.21	2011	2014	
高职	1985	2.84	2015	2016	
实践能力	1985	1.86	2016	2020	
创新能力	1985	2.12	2017	2018	
应用型	1985	1.9	2017	2022	
乡村振兴	1985	4.73	2018	2022	
新农科	1985	6.44	2020	2022	

图 2-14 农经专业相关研究突现词网络

学实践"＋"专业实践"）×"高校"①、（"实践教育"＋"实践教学""实践探索"＋"创新创业教育"＋"创业教育"＋"双创"＋"教育实践"＋"教学实践"＋"专业实践"）×"大学"、（"实践教育"＋"实践教学""实践探索"＋"创新创业教育"＋"创业教育"＋"双创"＋"教育实践"＋"教学实践"＋"专业实践"）×"高等学校"、"期刊来源＝CSSCI""不设时间跨度"为方法检索到分布于 1998～2022 年的 7922 篇文献数据，筛选新闻、通告、导语、书评、目录等不相关文献后，最终选择了 1998～2022 年的 5683 篇文献数据作为本节文献计量分析的依据。

（一）文献发表量分布

如图 2-15 所示，高校实践教育研究的时序可以分为两个阶段：

第一阶段是起始期（1998～2006 年），该阶段高校实践教育研究文献

---

① 关于实践教育的学术成果丰硕，综合考虑本书研究目标，主要检索与高校实践教育有关的文献，选择"实践教育、实践教学、实践探索、创新创业教育、创业教育、双创、教育实践、教学实践、专业实践"表征实践教育，"大学、高校、高等学校"表征高校，两组词语组合后进行检索。双创教育是高校开展的广泛重要的实践教学，因此本节亦把双创教育相关文献纳入分析。当然文字表达因人而异，可能会有文献使用不同词语表达与"高校实践教育"相同或相近意思，本节尽可能地总结这些词语，但仍存在遗漏文献的可能，特此说明。

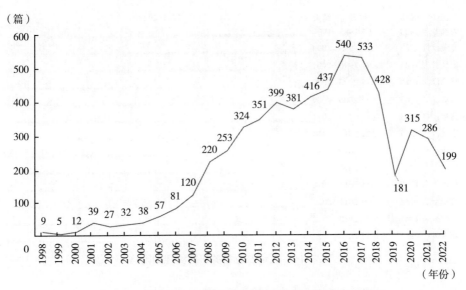

图 2-15　1998~2022 年高校实践教育研究文献产出分布趋势

数量整体保持缓慢增长，1998 年龙朝晖发表的《高校教育中实践教育的内容、意义和途径探析》是该阶段高校实践教育研究的基础文献之一，该文认为作为高校教育重要方面之一，实践教育包括学生组织社团活动、参与社区服务活动、勤工助学活动、课程实习四个方面。高校实践教育的意义在于培养学生过硬的思想素质，把书本理论和社会实际结合起来，培养学生独立自主的精神、管理和社会活动能力。高校实践教育的途径则在于实践教育必须与企业、科研、育人相结合，同时加强对大学生勤工助学和社团活动的管理。该文为后续深化高校实践教育研究提供了观点支持。

第二阶段是快速发展期（2007 年至今），该阶段发文量持续增加，在 2016 年达到峰值 540 篇，随后数量开始减少，2019 年达到峰谷 181 篇，随后数量有所增加。2010 年 5 月，教育部印发了《教育部关于大力推进高等学校创新创业教育和大学生自主创业工作的意见》[①]，意见指出，大

[①]　教育部关于大力推进高等学校创新创业教育和大学生自主创业工作的意见［EB/OL］. http://www. moe.gov.cn/srcsite/A08/s5672/201005/t20100513_120174.html.

学生是最具创新、创业潜力的群体之一。在高等学校开展创新创业教育，积极鼓励高校学生自主创业，是教育系统深入学习实践科学发展观，服务于创新型国家建设的重大战略举措；是深化高等教育教学改革，培养学生创新精神和实践能力的重要途径；是落实以创业带动就业，促进高校毕业生充分就业的重要措施。2012 年 8 月教育部办公厅下发了关于印发《普通本科学校创业教育教学基本要求（试行）》[①]的通知。文件指出，在普通高等学校开展创业教育，是服务国家加快转变经济发展方式、建设创新型国家和人力资源强国的战略举措，是深化高等教育教学改革、提高人才培养质量、促进大学生全面发展的重要途径，是落实以创业带动就业、促进高校毕业生充分就业的重要措施。2015 年 6 月，国务院印发了《关于大力推进大众创业万众创新若干政策措施的意见》[②]，意见指出，通过加强全社会以创新为核心的创业教育，弘扬"敢为人先、追求创新、百折不挠"的创业精神，厚植创新文化，不断增强创业创新意识，使创业创新成为全社会共同的价值追求和行为习惯……把创业精神培育和创业素质教育纳入国民教育体系，实现全社会创业教育和培训制度化、体系化。加快完善创业课程设置，加强创业实训体系建设。加强创业创新知识普及教育，使"大众创业、万众创新"深入人心。上述文件发布后，学界就创新创业实践对高校实践教育的影响、高校如何推进创新创业教育实践等方面进行了广泛的讨论，成果较丰硕。

（二）科研合作

从研究机构（见图 2-16）分布看，关于高校实践教育研究主要以高校相关学科智库为主，吉林、北京、湖北、浙江、江苏、福建等

---

① 普通本科学校创业教育教学基本要求（试行）［EB/OL］. http://www.moe.gov.cn/srcsite/A08/s5672/201208/t20120801_140455.html.

② 关于大力推进大众创业万众创新若干政策措施的意见［EB/OL］. http://www.gov.cn/zhengce/content/2015-06/16/content_9855.htm.

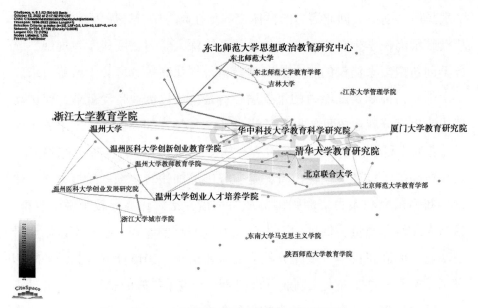

图 2-16　高校实践教育研究机构知识图谱

地高校发文量较高，浙江大学、清华大学、温州大学、温州医科大学、华中科技大学、东北师范大学、厦门大学等对高校实践教育研究关注度较高，是高校实践教育研究的中坚力量，从研究属性看，多为教育、思想政治教育、创新创业等方面的研究智库。从作者（见图 2-17）看，初步形成以黄兆信、梅伟惠、徐小洲、王占仁等为核心的研究团队。

从科研合作（见图 2-18）看，图谱中连线的密集和粗细程度反映了高校实践教育研究的机构间、作者间科研合作的紧密程度。地域上北京、吉林、浙江、福建等省市学者产出比较多。研究团队方面，以黄兆信、王占仁、徐小洲等为核心的研究团队已经形成，初步形成团队间交流、联系较为紧密的学术共同体。整体来看，高校实践教育研究科研合作图谱的密度值为 0.0015，低于 0.1 的正常水平，合作连线细短，反映了高校实践教育研究科研合作还不够紧密。

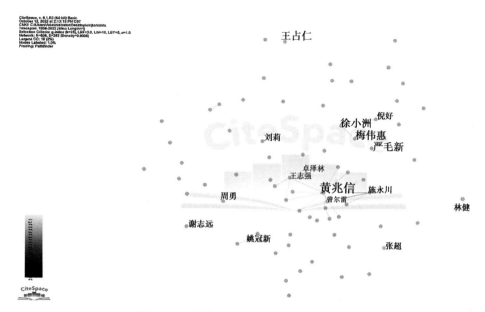

图 2-17 高校实践教育研究作者知识图谱

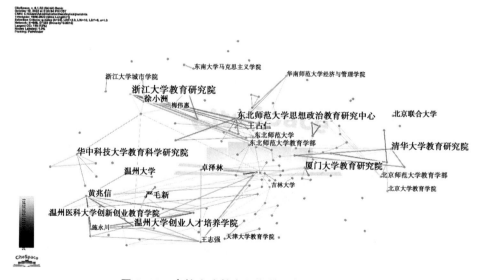

图 2-18 高校实践教育研究科研合作知识图谱

（三）高频被引文献分布

高校实践教育研究被引频次 100 次及以上的文献共 193 篇，其中被引频次 100～199 次的有 139 篇，被引频次 200～299 次的有 28 篇，被引频次 300 次及以上的有 26 篇。通过整理高校实践教育前 10 篇高频被引文献（见表 2-7）并分析相关文献的研究内容，可以了解高校实践领域研究的知识基础。由表 2-7 可知，在排名前 10 的高频被引文献中，仅木志荣的《我国大学生创业教育模式探讨》发表在 2006 年，其余发表在 2010～2016 年，结合图 2-15 不难发现，高被引论文出现在高校实践教育研究的高峰期。马秀麟等于 2013 年发表的《大学信息技术公共课翻转课堂教学的实证研究》被引频次高达 1185 次，远超后序文献的被引频次。该文指出教育信息化的发展对大学信息技术公共课教学产生了重要影响，使其面临着严峻挑战，作者强调翻转课堂式教学模式（FCM）是应对挑战的重要手段，翻转课堂基本思路是：把传统的学习过程翻转过来，让学习者在课外时间完成针对知识点和概念的自主学习，课堂则变成了教师与学生之间互动的场所，主要用于解答疑惑、汇报讨论，从而达到更好的教学效果。作者通过实验方式对比 FCM 采用与否对教学效果的影响，总结出 FCM 有利于解决"因材施教"的问题，并有利于培养学习者的自主学习能力。崔艳辉、王轶于 2014 年发表的《翻转课堂及其在大学英语教学中的应用》同样关注翻转课堂在教学过程中的应用及效果，被引频次为 783 次。马永斌、柏喆于 2015 年发表的《大学创新创业教育的实践模式研究与探索》也具有显著超越后序文献的被引频次（781 次）。该文认为，大学创新创业教育的开展对科技创新成果的产业化具有重要意义，作者系统梳理了大学创新创业教育的内涵与创新创业教育存在的问题，通过引入"大学—政府—企业"生态网模式的理论体系，辅之以清华深圳研究生院双创教育的实践经验，提出全面运用生态网模式解决创新创业教育问题的具体思路。这 3 篇高频被引文献的研究内容和研究思路为后续高校实践教育研究提供了观点支持。

总体来看，表 2-7 高频被引文献的研究内容可分为三种：一是翻转课堂教学实践的相关研究，如序号 1、序号 2、序号 9；二是创新创业实践及对人才培养的影响，如序号 3、序号 6、序号 7、序号 8、序号 10；三是分析教学手段变化对教学实践的影响，如序号 4、序号 5。

表 2-7　高校实践教育研究 10 篇高频被引文献

序号	作者	题名	期刊名称	年份	被引频次
1	马秀麟、赵国庆、邬彤	大学信息技术公共课翻转课堂教学的实证研究	远程教育杂志	2013	1185
2	崔艳辉、王轶	翻转课堂及其在大学英语教学中的应用	中国电化教育	2014	783
3	马永斌、柏喆	大学创新创业教育的实践模式研究与探索	清华大学教育研究	2015	781
4	张文娟	基于"产出导向法"的大学英语课堂教学实践	外语与外语教学	2016	743
5	徐葳、贾永政、阿曼多·福克斯、戴维·帕特森	从 MOOC 到 SPOC——基于加州大学伯克利分校和清华大学 MOOC 实践的学术对话	现代远程教育研究	2014	701
6	李家华、卢旭东	把创新创业教育融入高校人才培养体系	中国高等教育	2010	632
7	黄兆信、王志强	论高校创业教育与专业教育的融合	教育研究	2013	597
8	杨晓慧	我国高校创业教育与创新型人才培养研究	中国高教研究	2015	580
9	缪静敏、汪琼	高校翻转课堂：现状、成效与挑战——基于实践一线教师的调查	开放教育研究	2015	551
10	木志荣	我国大学生创业教育模式探讨	高等教育研究	2006	486

注：数据截至 2022 年 10 月 11 日。

（四）研究主题分析

利用 CiteSpace 软件绘制了高校实践教育研究关键词共现知识图谱。图 2-19 的网络密度为 0.0079。在图 2-19 中关键词节点的形状越大，表明其在高校实践教育研究中出现的频次越高，围绕其所形成的研究成果影响就越深远，关键词之间的连线则反映了相关节点在高校实践教育研究中的逻辑关系。由图 2-19 可知，高校实践教育研究中最大的关键词节点包括"创业教育""实践教学""高校""大学生""人才培养""创新创业"，这些关键词是整个图谱的中心，占据图谱面积最大，表明其在高校实践教育领域中的研究热度最高，反映出高校实践教育的主要形式（创业教育、实践教学）、主要范围（高校、大学生）和工作任务（人才培养），引发了相关研究。

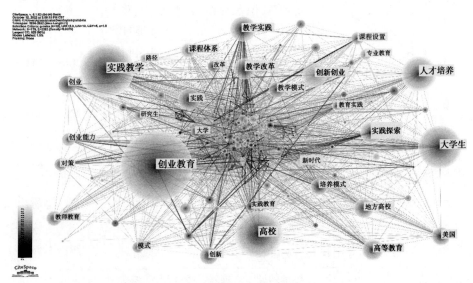

图 2-19　高校实践教育研究关键词共现图谱

进一步地，通过 CiteSpace 软件的词频统计功能梳理了高校实践教育研究词频较高的 20 个关键词，如表 2-8 所示。在上述关键词节点之外，高校实践教育研究较为显著的关键词节点还包括"教学实践""高等教育""教学改革""地方高校""实践""实践探索""创业""美国""课程体系""创新""教学模式""培养模式""教师教育""创业能力"。这些词指向高校实践教育的具体内容，通过连线与高频关键词相关联，反映了高校实践教育研究的细化。

表 2-8　高校实践教育研究高频关键词排序

关键词	频次	关键词	频次
创业教育	753	实践	84
实践教学	437	实践探索	84
高校	388	创业	75
大学生	304	美国	72
人才培养	208	课程体系	72
创新创业	166	创新	70
教学实践	104	教学模式	65
高等教育	103	培养模式	63
教学改革	97	教师教育	62
地方高校	96	创业能力	55

　　在图 2-19 的基础上，通过提取高校实践教育研究关键词的聚类标签，结合聚类标签可以判断高校实践教育的研究前沿。利用 CiteSpace 软件的聚类算法，绘制了高校实践教育研究的关键词聚类图谱。图 2-20 的模块 Q=0.532，轮廓值 S=0.7965，Q 值大于 0.3，S 值大于 0.5，说明图 2-20 的聚类结构比较合理，清晰地体现了高校实践教育研究聚类间的结构特征、标签词名及其连线。由图 2-20 可知高校德育研究主要形成了 9 个显著的聚类：#0 创业教育、#1 教学实践、#2 实践教学、#3 高校、#4 创新、#5 创新创业、#6 教师教育、#8 实践探索、#9 教育实践。

　　借助 CiteSpace 的聚类关键词信息汇总功能，整理了上述聚类标签下的代表性关键词，如表 2-9 所示，对这些关键词的把握，有助于理解各个聚类的主要研究内容，把握高校实践教育研究前沿。

表 2-9　高校实践研究聚类名称及关键词节选

聚类标签	聚类名称	年份	关键词聚类（节选）
#0	创业教育	2010	创新教育、创业意识、创业意向、创业能力、意愿创业教育、大学生、实践教学、四位一体、创业链、创业与创新、合作教育研究
#1	教学实践	2008	翻转课堂、大学教学、教学学术、教学实践、体育课程教学实践、教学改革、教学模式、创业教育、实践、国家级特色专业
#2	实践教学	2010	专业建设、校企合作、学科建设、媒体融合、卓越计划实践教学、创业教育、模式、思想政治理论课、乡村振兴、信息检索、新闻与传播学、专业实践教学体系
#3	高校	2014	思政课、实践育人、新时代、立德树人、课程思政、高校、建设、研究生、三全五育体系、全员化、再造、创业过程模式
#4	创新	2011	课程教学、路径、创业、问题、启示创新、人才培养、生活世界、教育平台、科研与教学、学术写作
#5	创新创业	2013	产教融合、创客教育、创客空间、创客、信息素养、创新创业、高等教育、地方高校、时代背景、时代意义、风险投资家、实践困境
#6	教师教育	2011	教师教育、教育博士、工程硕士、教学效果、实习教师教育、培养模式、美国、专业学位、课程、世界一流大学
#8	实践探索	2007	实践探索、民办高校、一流学科、学分制、探索、本科教育、通识教育、资本市场、大学生创业素质、社会工作专业教育
#9	教育实践	2011	教育思想、情感教育、专业发展、教育实践、教育、创业教育、学科化知识治理方式

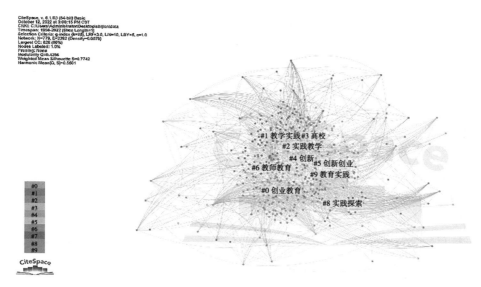

图 2-20 高校实践教育研究关键词聚类图谱

第一，#1 教学实践、#2 实践教学、#8 实践探索、#9 教育实践共同指向了实践类型。

第二，#0 创业教育、#5 创新创业共同指向高校实践教育中重点内容，即创新创业教育。

第三，#3 高校、#6 教师教育共同指向了高校实践教育的主体。

第四，#4 创新指向了对高校实践教育全过程的要求，即对实践教育内容、形式、方式方法进行创新。

利用 CiteSpace 的突现词检测功能来进一步验证上述研究前沿的准确性。通过突现词检测可以把握不同阶段出现的突现词及其强度，表明学界对高校实践教育研究突现词的关键频率和关注度，依次强化对领域研究前沿的把握。高校实践教育研究成果丰硕，突现词较多，本节主要展示排名前 20 的突现词。图 2-21 中突现词按时序可分为两阶段：早期阶段（1998～2009 年），突现词为教学实践、实践探索、双语教学、实践

关键词	时间	字数	开始	结束	1998~2022年
教学实践	1998	6.03	1998	2007	
实践探索	1998	5.41	2000	2006	
双语教学	1998	7.27	2004	2009	
实践教学	1998	11.42	2006	2008	
大学	1998	5.47	2006	2010	
问题	1998	7.43	2008	2011	
教学体系	1998	6.21	2008	2012	
教师教育	1998	6.2	2008	2011	
建设	1998	5.83	2009	2011	
创新创业	1998	29.92	2015	2020	
协同创新	1998	7.66	2015	2016	
翻转课堂	1998	6.19	2015	2018	
创客教育	1998	6.21	2016	2017	
生态系统	1998	9.46	2017	2022	
新时代	1998	17.83	2018	2022	
新工科	1998	12.31	2018	2022	
产教融合	1998	7.24	2018	2022	
立德树人	1998	9.17	2019	2022	
课程思政	1998	12.85	2020	2022	
思政课	1998	6.32	2020	2022	

图 2-21　农经专业研究科研合作知识图谱

教学、大学、问题、教学体系、教师教育、建设等；发展阶段（2010 年
至今），在早期研究的基础上，突现词集中在创新创业、协同创新、翻
转课堂、创客教育、生态系统、新时代、新工科、产教融合、立德树
人、课程思政、思政课等，其中生态系统等 7 个突现词一直延续到 2022
年，反映出新时代高校实践教育坚持立德树人、与时俱进，如何利用思
政课程、产教融合方式强化高校实践教育，更是学界关注的前沿内容
之一。

四、国内五育研究现状

在中国知网（CNKI）以"主题＝五育 × 高校、五育 × 大学、五育 × 高等学校、五育 × 高等院校、德智体美劳 × 高校、德智体美劳 × 大学、德智体美劳 × 高等学校、德智体美劳 × 高等院校""全部期刊来源"①"不设时间跨度"为方法检索文献，筛选新闻、通告、导语、书评、目录等不相关文献后，最终选择了 1999 ~ 2022 年的 314 篇文献数据作为本节文献计量分析的依据。

（一）文献发表量分布

对于分布在 1999 ~ 2022 年的 314 篇文献进行时间排序后（见图 2-22）发现，高校五育研究的时序可以分为两个阶段。

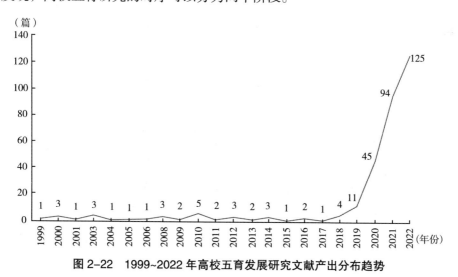

图 2-22 1999~2022 年高校五育发展研究文献产出分布趋势

第一阶段为起始期（1999 ~ 2018 年），该阶段高校五育研究文献数量整体较少，文献数量平稳发展，1999 年李廷扬发表的《中国教育岂能再

---

① CSSCI 数据库中关于高校五育研究文献 69 篇，CSSCI 数据库及北大核心数据库中高校五育研究文献共 107 篇，文献量较少，因此本节选择全部期刊来源数据库。文字表达因人而异，可能会有文献使用与"五育研究"相近的词语表达，本节尽可能地总结这些词语，但仍存在遗漏文献的可能，特此说明。

拒绝美育——驳"三育"优于"五育"论》是起始期较早关于高校五育研究的文献之一，该文系统回答了无产阶级三育是否离得开"劳育"、应不应该提出"美育"要求这两个问题。对于第一个问题，作者主张劳动的本质是创造，创造的结果是财富，劳动是人的本质特征，财富是人的价值体现和社会确证，劳动是人全面发展的前提基础和必由之路，教育只有终身与生产劳动相结合才能培养出有社会主义觉悟、有文化的劳动者，同时劳动实践还是教育发展的根本动力和检验标准。对于第二个问题，作者主张美育是教育功能特征的价值取向和本质表现，无产阶级具有自身特有的阶级美质，"美"是哲学问题也是实践问题，美的实践比美学理论更重要，人们创造价值的过程和结果，必须符合美的规律并接受美的实践检验，提倡美育是为了自觉、能动地运用革命真理，从而把世界发展的普遍规律跟教育发展的特殊规律在具体实践中完美地结合起来，使中国教育生机勃勃，充满美的旋律，不断深入理想境界。2003 年，毕研峰、王成涛发表的《蔡元培的教育思想及其在北京大学的实践》是起始期 CSSCI 期刊中较早关于高校五育研究的文献之一，该文系统介绍了蔡元培"军国民教育、实利主义教育、公民道德教育、美感教育和世界观教育"五育并举的教育思想和"以开放的心态对待管理、以科学的目标引导管理、以民主的运作实施管理、以情感的沟通促进管理"的教育管理观念，并总结了蔡元培五育并举、教育管理观念在北京大学的实践，作者认为蔡元培的教育思想和实践，为近代中国教育发展做出了重要贡献，对当今教育仍有较大启迪与借鉴之处。2008 年，于丹发表的《蔡元培的教育思想》是起始期核心期刊中较早关于高校五育研究的文献之一，该文不仅阐释了蔡元培五育并举的教育思想，也总结了其"兼容并包、思想自由、文理沟通、个性化、教育独立"的大学教育思想。

　　第二阶段为发展期（2019 年至今），该阶段相关研究文献数量呈现大幅度上升的发展态势，2022 年 1~9 月发文量已经达到 125 篇，较 2019

年增长了 10 倍之多，总体来看关于高校五育研究逐渐成为高等教育研究领域的热点之一。

（二）科研合作

研究机构方面（见图 2-23），高校"五育"教育研究机构主要集中分布于高校相关学院、学部，其中湖南师范大学教育科学学院、河南工业大学马克思主义学院、华东师范大学基础教育改革与发展研究所、华东师范大学教育学系、南京师范大学道德教育研究所等机构是高校"五育"教育研究的中坚力量。

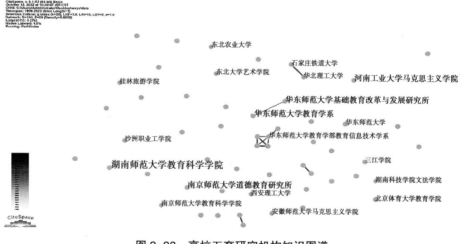

图 2-23　高校五育研究机构知识图谱

作者方面（见图 2-24），高校"五育"教育研究最近几年才成为高等教育领域研究热点之一，尚未形成较多成熟的研究团队，当前以宁本涛、冯建军等为核心的研究团队刚刚形成，但尚未形成团队间交流、紧密联系的学术共同体。2020～2021 年以宁本涛为核心的研究团队发表了关于高校"五育"教育的文献 6 篇，冯建军独作文献 3 篇。

合作方面（见图 2-25），高校"五育"教育研究仍处于成长发展阶段，就整体来看，高校"五育"研究科研合作图谱的密度值为 0.0066，低于 0.1

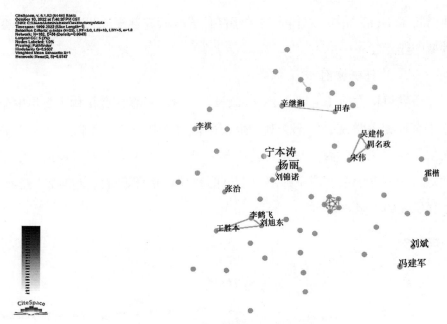

图 2-24　高校五育研究作者知识图谱

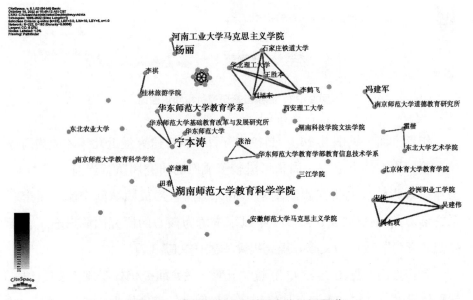

图 2-25　高校五育研究科研合作知识图谱

的正常水平，合作连线较为短促，连线密度低，反映了高校"五育"教育研究科研合作联系不够紧密、研究机构和作者分散化和独立化的特征。

（三）高频被引文献分布

从被引次数来看，有 53 篇论文被引次数达到 10 次及以上，其中 6 篇论文被引 10 次，11 篇论文被引次数在 11～15 次，7 篇论文被引次数在 16～20 次，22 篇论文被引次数在 21～25 次，7 篇论文被引次数超过 25 次。通过整理高频被引文献（见表 2-10）并分析相关文献内容，可以了解高校五育研究领域的知识基础。由表 2-10 可知，在排名前 10 的高频被引文献中，仅有黄元全的《高校思想政治理论课教师角色意识探析》、汤广全的《自由与和谐——蔡元培"五育并举"观研究》分别发表在 2010 年、2009 年，其余文献都是发表在 2019 年后，说明早期文献对高校五育研究整体知识的贡献不大，进一步反映了高校五育研究学术影响力和知识基础的后发性，后文的研究将体现这一特征。

表 2-10　高校五育研究的 10 篇高频被引文献

序号	作者	篇名	期刊名称	年份	被引频次
1	李政涛、文娟	"五育融合"与新时代"教育新体系"的构建	中国电化教育	2020	217
2	冯建军	构建德智体美劳全面培养的教育体系：理据与策略	西北师大学报（社会科学版）	2020	141
3	孙会平、宁本涛	五育融合视野下劳动教育的中国经验与未来展望	教育科学	2020	84
4	吴遵民	"五育"并举背景下劳动教育新视野——基于"三教融合"的视角	现代远距离教育	2020	57

续表

序号	作者	篇名	期刊名称	年份	被引频次
5	宁本涛、杨柳	美育建设的价值逻辑与实践路径——从"五育融合"谈起	河北师范大学学报（教育科学版）	2020	44
6	李丹	从"德智体美"到"德智体美劳"：加强高校劳动教育的逻辑审视	中国职业技术教育	2019	40
7	黄元全	高校思想政治理论课教师角色意识探析	思想理论教育导刊	2010	29
8	高晓丽	"五育并举"背景下加强高校劳动教育的内在依据与策略	思想理论教育	2020	25
9	徐娜	高校美育三议：本质意义、价值指向与实践路径	江苏高教	2021	23
10	汤广全	自由与和谐——蔡元培"五育并举"观研究	教育学术月刊	2009	22

注：数据截至 2022 年 10 月 9 日。

高校五育研究领域的最高被引文献是李政涛、文娟于 2020 年发表的《"五育融合"与新时代"教育新体系"的构建》，被引频次达到 217 次，该文主张从"五育并举"到"五育融合"，已经成为新时代中国教育变革与发展的基本趋势。与最早提出"五育并举"的蔡元培及其时代相比，新时代所提出的"五育并举"，有独特的时代需要和时代问题。新时代的"五育并举"满足的是"应对国际社会激烈竞争与严峻挑战的需要、培养社会主义建设者和接班人的需要、应试教育向素质教育转变的需要，教育大国向教育强国转变的需要"等。作者提出从阐发理论、聚焦某"一育"、构建五育之间内在联系等角度理解"五育并举"，而"五育融合"的提出是对"五育并举"的推进、深化和发展，"五育融合"是一种育人假设、育人实践、育人理念、育人思维、育人能力，作者认为"五育融合"难在"日常""机制""评价""主体"和"生态"，它们同时构成了破解"五育难题"的基本维度和基本路径。冯建军于2020年发表的《构建德智体美劳全面培养的教育体系：理据与策略》也具有显著超越后序文献的被引频次（141次），该文提出全面认识和理解德智体美劳五育之间的关系，是构建德智体美劳全面培养的教育体系的前提，并指出构建德智体美劳全面培养的教育体系，既要坚持"五育并举"，一个都不能少，更要坚持"五育融合"，建构一个有机整体，同时主张要以立德树人为价值引领，确立全方位的教育观，实施全学科、全方位、全过程育人活动，推进与完善综合素质的评价，培养德智体美劳全面发展的社会主义建设者和接班人。这两篇高频被引文献的研究内容和研究思路为后续高校五育研究提供了观点支持。

总体来看，表2-10中高频被引文献的研究内容可以分为三类：一是探析五育并举、五育融合教育体系，并与新的时代背景融合（序号1、序号2、序号10）；二是从五育融合视角具体分析某一育的发展经验、未来展望等（序号3、序号4、序号5、序号6、序号8、序号9）；三是五育教育中教育工作者角色与任务分析（序号7）。

（四）研究主题分析

利用CiteSpace软件绘制了高校"五育"教育研究的关键词共现知识图谱，如图2-26所示，其网络密度为0.0127。在图2-26中，关键词节点的形状越大，表明其在高校五育教育研究中出现的频次越高，围绕其所形成的研究成果影响越深远，而关键词之间的连线则反映了相关节点在高校五育教育研究中的逻辑关系。由图2-26可知，高校五育教育研究中的最大关键词节点包括"五育并举""五育融合""劳动教育"等，这些关键词占据图谱面积最大，表明其在高校五育教育领域中的研究热度最高。

进一步地，通过CiteSpace软件的词频统计功能梳理了高校五育教育研究词频较高的20个关键词，如表2-11所示。在上述关键词节点之外，

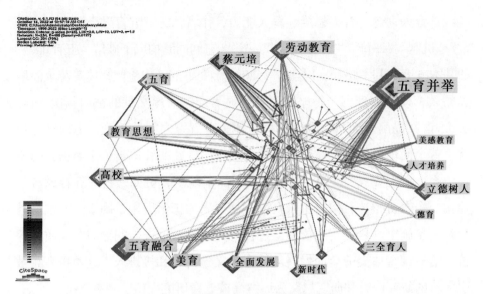

图 2-26 高校五育研究关键词共现图谱

高校五育教育研究较为显著的关键词节点还包括"高校""立德树人""全面发展""美育""三全育人""五育""蔡元培""新时代""课程思政""人才培养""实践路径""高职院校""教学改革""教育思想""路径""育人体系""价值意蕴"。这些词指向高校五育教育的具体内容，通过连线与高频关键词相关联，反映了高校五育教育研究的细化。

表 2-11 高校五育教育研究高频关键词排序

关键词	频次	关键词	频次
五育并举	73	新时代	12
五育融合	66	课程思政	11
劳动教育	34	人才培养	11
高校	28	实践路径	9
立德树人	26	高职院校	8
全面发展	22	教学改革	6
美育	15	教育思想	5
三全育人	14	路径	5
五育	13	育人体系	5
蔡元培	12	价值意蕴	4

（五）研究前言分析

在图 2-26 基础上，通过提取高校五育研究关键词的聚类标签，结合聚类标签词可以判断高校五育教育的研究前沿，绘制了高校五育研究的关键词聚类图谱。图 2-27 的模块 Q=0.7478，轮廓值 S=0.894，Q 值大于 0.3，S 值大于 0.5，说明聚类结构比较合理，清晰地体现了高校五育教育聚类间的结构特征、标签词名及其连线，可对其开展进一步分析。由图 2-28 可知，高校五育教育研究主要形成了 6 个显著聚类：#0 劳动教育、#1 五育并举、#2 五育融合、#3 蔡元培、#4 全面发展、#5 立德树人。同时，借助 CiteSpace 的聚类关键词信息汇总功能，整理了上述聚类标签下的代表性关键词，如表 2-12 所示，对这些关键词的把握，有助于理解各个聚类的主要研究内容，进而把握高校五育教育研究前沿。

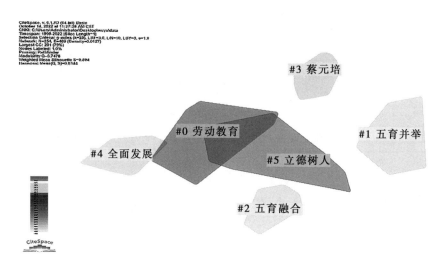

图 2-27　高校五育研究关键词聚类图谱

借助 CiteSpace 的聚类关键词信息汇总功能，整理了上述聚类标签下的代表性关键词，如表 2-12 所示，对这些关键词的把握，有助于理解各个聚类的主要研究内容，把握高校五育研究前沿。图 2-27 和表 2-12 说明，就研究前沿来看：#5 立德树人指向高校五育发展的根本，#1 五育并举、#2 五育融合指向高校五育教育的发展趋势，#4 全面发展共同指向高校五育教育的工作任务而促进学生全面发展，#3 蔡元培指向高校五育教育汲取"近现代学校人才培养"的精华，#0 劳动教育指向某一在高校高质量人才培养中的作用。

表 2-12　高校五育教育聚类名称及关键词节选

聚类标签	年份	关键词聚类（节选）
#0 劳动教育	2019	劳动教育、融合、高校、价值、美育、智育、五育并举、通识课程、智能转型、关联性
#1 五育并举	2015	服务育人、协同育人、自由、美感教育、五育并举、五育融合、劳动教育、高校、七色文化、五育融合语境
#2 五育融合	2021	实践路径、融合、五育融合、路径、全面育人、全人教育、高校、美育建设、现实透视、辩证审视、体系构建
#3 蔡元培	2010	启示、德育、体育、管理思想、原则、主要内涵、蔡元培、当代高校德育
#4 全面发展	2017	全面发展、思政教育、人格、大学、三全育人、劳育观、融合路径、有教无类
#5 立德树人	2020	立德树人、新时代、三全五育、劳动教育、融合、三全五育体系、党史育人、为党育人

第五节　五育融合发展与"德、智、实践"三维培养

一、德智体美劳五育融合发展

我国培养人才全面发展。新中国成立初期，毛泽东提出"学生要德育、智育、体育得到发展"的全面发展教育的要求，教育与劳动实践要相结合，劳动者不再目不识丁，知识分子不再四体不勤。改革开放后，

邓小平继承发展了毛泽东关于全面发展教育思想，从学校招生到单位招人都要进行德智体全面考核。20 世纪末，我国开始推行素质教育，培养德智体美全面发展的人才。新时期，劳动和劳动教育被纳入到学校教育中，培养德智体美劳全面发展的社会主义建设者和接班人成为学校教育的根本任务。德智体美劳全面发展的教育思想随着时代发展逐步嵌入我国的教育目标，并融进我国的教育体系构建过程中，我国教育正在从五育并举转型到五育融合（刘宇文、侯钰婧，2021）。

五育是基于人的全面发展而提出来的，都是全面发展教育的组成部分，教育活动是综合的（冯建军，2020），德智体美劳五育之间是相互融合的。

首先，更广泛地来说，所有的教育活动都包含智育方面，任何教育活动都要求受教育者全面、正确、充分地理解并掌握相关知识（项贤明，2021），智育的最终成果是打造个体丰富发展的精神世界。

其次，所有的教育活动实际上都包含着德育的内容，这里讲的"包含"并不是生搬硬套的德育内容，而是在教育过程中潜移默化地展示德育维度，例如教师课堂授课过程中，公平公正地对待每一位学生，学生认真听课，尊重教师授课劳动，虽然没有直接传授德育相关内容，但通过师生之间的互动过程，展示了德育教育的内容。又如，学生开展创新创业实践，遵守《民法典》、市场规则，展示了德育教育的内容。

最后，体育能培育学生品德、促进学生心智发展、鼓励学生追求健康美、为学生进行劳动提供健康体魄；美育培养学生高尚的审美、提高学生对美的认知、鼓励学生追求健康体魄、以美育知识赋予劳动新的内涵；劳动教育能引导学生热爱尊重劳动、提高对劳动知识技能的认知、能锻炼身体、追求劳动美（冯建军，2020；李一鸣，2020）。

二、"德、智、实践"三维培养模式

五育之间相互融合，但有各自针对性的任务。

德育是人才培养的灵魂所在。德育任务可以分解为三类：第一类，提高学生对道德伦理、公序良俗的认知水平，包括理解认同拥护党的领导、国家政治制度，准确理解社会主义核心价值观，了解中华优秀传统文化、革命文化和社会主义先进文化；第二类，引导学生追求高尚道德品行，树立正确的世界观、人生观、价值观，培养积极健康的心态和人格等；第三类，践行道德的要求，包括养成良好的行为习惯，爱党爱国，遵纪守法，堪当大任。第一类可以归为智育内容，第二类可以归为德育内容，第三类可以归为实践教育内容。如图 2-28 所示。

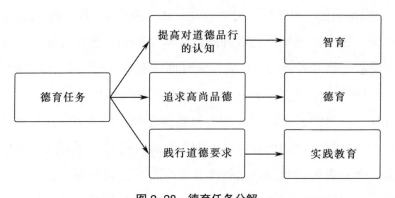

图 2-28　德育任务分解

智育是人才培养的根基所在，智育任务可以分解为三类：第一类向学生传授基础的科学文化知识与技能；第二类培养学生的科学家精神，敢于批判，勇于创造；第三类培养学生以批判创造为核心的智力和以解决实际问题为核心的能力。第一类可以归为智育内容，第二类可以归为德育内容，第三类可以归为实践教育内容。如图 2-29 所示。

体育着眼于身心健康，培养受教育者树立"健康第一、追求健康"的理念。体育任务可以分解为三类：第一类，提高学生对体育的认知水平，包括对体育重要性的认知、对体育知识技能的认知；第二类，引导学生锤炼自身的体育道德品质，包括追求"健康向上"、自信勇敢、超越自我的体育精神，以及遵守规则、尊重对手、公平自律、团结合作等体

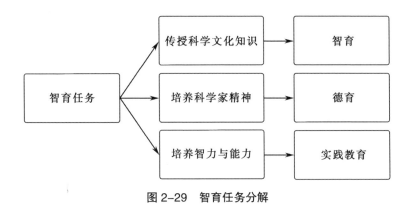

图 2-29 智育任务分解

育品行；第三类，培养学生坚持锻炼，养成良好行为，包括积极参加体育运动、合理饮食作息等。第一类可以归为智育内容，第二类可以归为德育内容，第三类可以归为实践教育内容。如图 2-30 所示。

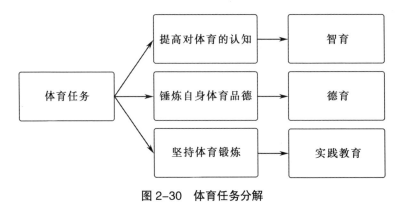

图 2-30 体育任务分解

美育着眼于培养受教育者的审美。美育任务可以分解为三类：第一类，提高学生对美的认知水平，掌握欣赏美、感受美的知识；第二类，引导学生树立正确的审美观，健康审美，抵制低俗；第三类，提高学生对美的创造表达能力，在生活中运用美育知识欣赏美，更能创造美。第一类可以归为智育内容，第二类可以归为德育内容，第三类可以归为实践教育内容。如图 2-31 所示。

劳动教育着眼于通过劳动培养人全面发展。劳动教育任务可以分解

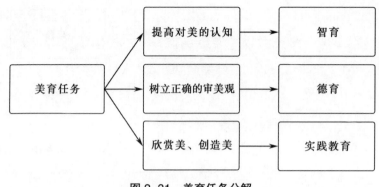

图 2-31　美育任务分解

为三类：第一类引导学生充分认知劳动的重要性，激发劳动热情，尊重
劳动、崇尚劳动；第二类提高学生对劳动基础知识技能的认知水平，使
学生能从事基础的生产劳动；第三类激发学生的劳动创造能力，培养学
生的实践能力。第一类可以归为德育内容，第二类可以归为智育内容，
第三类可以归为实践教育内容。如图 2-32 所示。

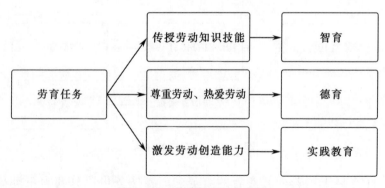

图 2-32　劳动教育任务分解

　　德育、智育和实践教育是人全面发展的重要内容。德育、智育、实
践教育三者之间是相互渗透、相互包含的关系。实践教育，包含了学
习与实践相关的知识，掌握与实践相关的技能，同时在实践过程中遵
守一定的准则、规范。最终的实践结果，反映了智育、德育和实践教
育的共同结果。知识是人认知实践的产物，它根植于认知个体和认知情

境中。因此，新知识的获取和创造总是与实践联系在一起的。如图 2-33 所示。

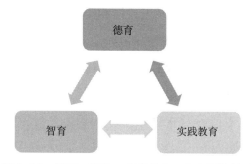

图 2-33 德育、智育、实践教育三者之间的关系

第六节 构建农经专业三维人才培养模式

一、德育是培养农经专业人才的灵魂

在前文分析的基础上，本书人才培养模式下德育的主要培养目标：

一是提高受教育者综合道德水平，培养受教育者的优良品行，受教育者要正确处理国家、集体、个人之间的关系，正确处理恋爱、婚姻、家庭之间的关系，遵纪守法，爱党爱国，遵守公序良俗，投身"三农"，能正确处理各种利益关系，树立正确的人生观、世界观和价值观。

二是具有批判性的思维，具有较强的科学家精神，能够正确分析当前"三农"问题，创造性地解决"三农"问题。

三是以团结协作的精神攻克难关。

四是欣赏优秀的农耕文明，尊重农村优良传统文化。

五是农经专业人才，未来多数人要投身涉农领域的工作，涉农相关工作更是要求从业者能够脚踏实地，走在田间地头、厂房仓库，不怕苦、不怕累。

二、智育是培养农经专业人才的根本

在前文分析的基础上，本书人才培养模式下智育的主要培养目标：

一是向受教育者传授系统的科学理论文化知识和基本技能，通识教育和专业教育相结合，让受教育者既能具备广泛的社会适应性，又能有专长。农经专业的学生，不仅能知晓基本的经济、管理、文史、哲学知识，更能知晓农业生产经营管理的专业知识，充分发挥所学所长，为农业农村发展贡献力量。

二是接受系统的科研训练，农经专业学生，立足农村，钻研"三农"问题，要出色地解决具有中国特色的"三农"问题，必须要接受系统科学的学术研究训练，从实际现象中提炼科学问题，分析科学问题，提出解决方案。

三、实践教育是培养农经人才的主干

农业经济管理学科是一个应用性较强、应用领域较宽泛的学科。相比于其他学科而言，贴近经济社会发展、贴近区域农业产业发展的要求分外突出。对大学生而言，不仅需要掌握农业经济管理理论知识和前沿知识，更需要培养其实践操作能力。在前文分析的基础上，本书人才培养模式下实践教育的主要培养目标：

一是在专业教师指导下开展学术研究实践，能够独立思考科学问题，并开展研究；

二是在专业教师指导下开展田野调查，在实验室进行实验设计并进行实验；

三是在校外实践基地进行实习，积极参加涉农调研与实践。

农经专业三维人才培养模式的最终目标是培养出一大批知识面宽、能力强、素质高、适应能力强的复合型人才，推动社会经济发展。如图2-34所示。

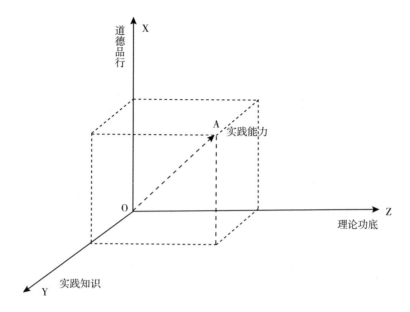

图 2-34　农经专业高质量人才培养三维模式

第三章 农经专业人才培养现状调查——以德铸魂

立德树人是新发展阶段高等教育高质量发展的重要任务，对提高大学生思想道德水平、综合素质、健康人格塑造、全面发展、可持续发展都有着积极促进作用，立德树人教育理念是现阶段高校思想政治教育的灵魂，能帮助高校学生自觉地将个人奋斗与国家利益、人民利益、经济社会发展等方面相融合，并树立正确的世界观、人生观、价值观等，有利于高校学生全面发展、终身发展。本章重点阐述了受访农经专业学生对德育教育的认知与行为表现。

第一节 德育教育内容理解

在问及"德育教育内容中重要的是什么"时，所有样本中，293人选择了"敬老爱幼"，占总样本的87.20%；318人选择了"诚实守信"，占总样本的94.64%；298人选择了"团结友善"，占总样本的88.69%；285人选择了"勤俭节约"，占总样本的84.82%；285人选择了"敬业奉献"，占总样本的84.82%；306人选择了"爱国守法"，占总样本的91.07%。有259人认为"尊老爱幼、诚实守信、团结友善、勤俭节约、敬业奉献、爱国守法"都是德育教育的重要内容，占总样本的77.08%。

根据样本反馈，老师家长在引导学生汲取优秀品德时，292人认为日常优良事例发挥的作用最大，占比高达 86.91%[①]，其次是名言警句，占比 8.33%，最后是成语，占比 4.76%（见图 3–1）。由此可见，身边人身边事对学生形成良好品德的影响最大。

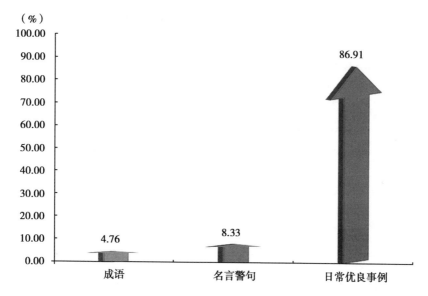

图 3–1　引导学生汲取优秀品德的手段

第二节　社会公德

　　在假设"在楼梯间看见纸屑、果皮等垃圾"的情景中，总样本中有 286 人选择"拾起来扔到垃圾桶里"，占总样本的 85.12%，43 人选择"视而不见，与己无关"，占总样本的 12.80%，7 人选择"用脚踢到旁边去"，占总样本的 2.08%。可见大部分人看见纸屑果皮等垃圾会选择捡起来丢进垃圾桶，仍有小部分人选择视而不见或者踢到旁边不扔进垃圾桶。如图 3–2 所示。

――――――――――

[①]　由于保留两位小数，计算结果四舍五入后少部分比例之和不等于 100.00%，对此种情况，处理最后一个选项所占百分比（±0.01%），下同。如有需要，可向作者索取。

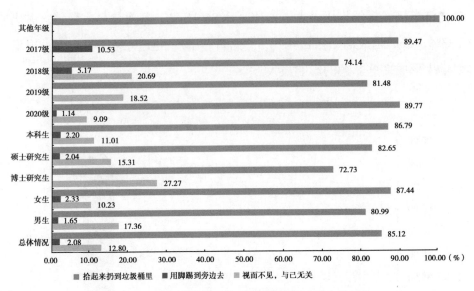

图 3-2 楼梯间看见纸屑、果皮等垃圾时学生的反应

不同性别中，男性样本中有 98 人选择"拾起来扔到垃圾桶里"，占男性样本的 80.99%，21 人选择"视而不见，与己无关"，占男性样本的 17.36%，2 人选择"用脚踢到旁边去"，占男性样本的 1.65%。女性样本中有 188 人选择"拾起来扔到垃圾桶里"，占女性样本的 87.44%，22 人选择"视而不见，与己无关"，占女性样本的 10.23%，5 人选择"用脚踢到旁边去"，占女性样本的 2.33%。仅从此情景的结果看，相比男性，女性在面对楼梯间纸屑、果皮等垃圾时，更倾向于"拾起来扔到垃圾桶里"。

不同学生层次中，博士研究生样本中有 8 人选择"拾起来扔到垃圾桶里"，占博士研究生样本的 72.73%，3 人选择"视而不见，与己无关"，占博士研究生样本的 27.27%。硕士研究生样本中有 81 人选择"拾起来扔到垃圾桶里"，占硕士研究生样本的 82.65%，15 人选择"视而不见，与己无关"，占硕士研究生样本的 15.31%，2 人选择"用脚踢到旁边去"，占硕士研究生样本的 2.04%。本科生样本中有 197 人选择"拾起来扔到垃圾桶里"，占本科生样本的86.79%，25人选择"视而不见，与己无关"，占本科生样本的11.01%，5人选择"用脚踢到旁边去"，占本科生样本的2.20%。仅从此情景的结果看，博士研究生、硕士研究生、本科生面对楼梯间纸屑、果皮等垃圾时，更倾向于"拾起来扔到垃圾桶里"。

不同年级中，2020级样本中有158人选择"拾起来扔到垃圾桶里"，占2020级样本的89.77%，16人选择"视而不见，与己无关"，占2020级样本的9.09%，2人选择"用脚踢到旁边去"，占2020级样本的1.14%。2019级样本中有66人选择"拾起来扔到垃圾桶里"，占2019级样本的81.48%，15人选择"视而不见，与己无关"，占2019级样本的18.52%。2018级样本中有43人选择"拾起来扔到垃圾桶里"，占2018级样本的74.14%，12人选择"视而不见，与己无关"，占2018级样本的20.69%，3人选择"用脚踢到旁边去"，占2018级样本的5.17%。2017级样本中有17人选择"拾起来扔到垃圾桶里"，占2017级样本的89.47%，2人选择"用脚踢到旁边去"，占2017级样本的10.53%。其他年级样本中有2人选择"拾起来扔到垃圾桶里"，占其他年级样本的100%，仅从此情景的结果来看，除其他年级样本，相比2018级，在面对楼梯间纸屑、果皮等垃圾时，2020级、2019级、2017级更倾向于"拾起来扔到垃圾桶里"。

第三节　个人品德

一、对撒谎的看法

在问及对撒谎的看法时，总样本中234人认为需要"视情况而定"，占总样本的69.63%，69人认为撒谎是"可耻，不能原谅"，占总样本的20.54%，10人认为撒谎是"无所谓"，占总样本的2.98%，23人则认为撒谎是"普遍行为，不必大惊小怪"，占总样本的6.85%。如图3-3所示。

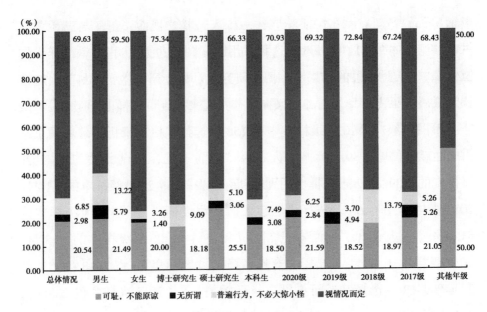

图 3-3　对撒谎的看法

不同性别中，男性样本中 72 人认为需要"视情况而定"，占男性样本的 59.50%，26 人认为撒谎是"可耻，不能原谅"，占男性样本的 21.49%，7 人认为撒谎是"无所谓"，占男性样本的 5.79%，16 人则认为撒谎是"普遍行为，不必大惊小怪"，占男性样本的 13.22%。女性样本中 162 人认为需要"视情况而定"，占女性样本的 75.34%，43 人认为撒谎是"可耻，不能原谅"，占女性样本的 20.00%，3 人认为撒谎是"无所谓"，占女性样本的 1.40%，7 人则认为撒谎是"普遍行为，不必大惊小怪"，占女性样本的 3.26%。仅从此情景看，相比男性，女性更倾向于以"视情况而定"来评价撒谎行为。

不同学生层次中，博士研究生样本中 8 人认为需要"视情况而定"，占博士研究生样本的 72.73%，2 人认为撒谎是"可耻，不能原谅"，占博士研究生样本的 18.18%，1 人则认为撒谎是"普遍行为，不必大惊小怪"，占博士研究生样本的 9.09%。硕士研究生样本中 65 人认为需要"视情况而定"，占硕士研究生样本的 66.33%，25 人认为撒谎是"可耻，不能原谅"，占硕士研究生样本的 25.51%，3 人认为撒谎是"无所谓"，占硕士研究生样本的 3.06%，5 人则认为撒谎是"普遍行为，不必大惊小怪"，占硕士研究生样本的 5.10%。本科生样本中 161 人认为需要"视情况而定"，占本科生样本的 70.93%，42 人认为撒谎是"可耻，不能原谅"，占本科生样本的 18.50%，7 人认为撒谎是"无所谓"，占本科生样本的 3.08%，17 人认为撒谎是"普遍行为，不必大惊小怪"，占本科生样本的 7.49%。仅从此情景看，相比硕士研究生，博士研究生、本科生更倾向于以"视情况而定"来评价撒谎行为。

不同年级中，2020 级样本中 122 人认为需要"视情况而定"，占 2020 级样本的 69.32%，38 人认为撒谎是"可耻，不能原谅"，占 2020 级样本的 21.59%，5 人认为撒谎是"无所谓"，占 2020 级样本的 2.84%，11 人则认为撒谎是"普遍行为，不必大惊小怪"，占 2020 级样本的 6.25%。2019 级样本中 59 人认为需要"视情况而定"，占 2019 级样本的 72.84%，15 人认为撒谎是"可耻，不能原谅"，占 2019 级样本的 18.52%，4 人认为撒谎是"无所谓"，占 2019 级样本的 4.94%，3 人则认为撒谎是"普遍行为，不必大惊小怪"，占 2019 级样本的 3.70%。2018 级样本中 39 人认为需要"视情况而定"，占 2018 级样本的 67.24%，11 人认为撒谎是"可耻，不能原谅"，占 2018 级样本的 18.97%，8 人则认为撒谎是"普遍行为，不必大惊小怪"，占 2018 级样本的 13.79%。2017 级样本中 13 人认为需要"视情况而定"，占 2017 级样本的 68.43%，4 人认为撒谎是"可耻，不能原谅"，占 2017 级样本的 21.05%，1 人认为撒谎是"无所谓"，占 2017 级样本的 5.26%，1 人认为撒谎是"普遍行为，不必大惊小怪"，占 2017 级样本的 5.26%。其他年级样本中 1 人认为需要"视情况而定"，占其他年级样本的 50.00%，1 人认为撒谎是"可耻，不能原谅"，占其他年级样本的 50.00%。仅从此情景看，相比其他年级，2020 级、2019 级、

2018 级、2017 级样本更倾向于以"视情况而定"来评价撒谎行为。

二、与同学关系

在问及与同学关系是否良好时，总样本中 289 人认为与同学关系良好，占总样本的 86.01%，4 人认为与同学关系"不是"良好，占总样本的 1.19%，7 人认为与同学关系"没必要"保持良好，占总样本的 2.08%，36 人认为与同学的关系"说不清"，占总样本的 10.72%。总体来看，样本与同学关系保持良好状态。如图 3-4 所示。

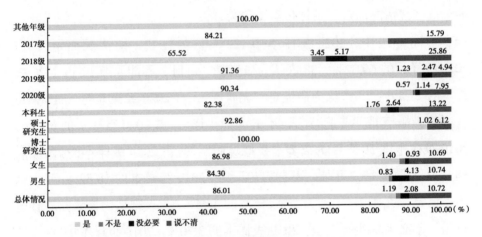

图 3-4 与同学关系

不同性别中，男性样本中 102 人认为与同学关系良好，占男性样本的 84.30%，1 人认为与同学关系"不是"良好，占男性样本的 0.83%，5 人认为与同学关系"没必要"保持良好，占男性样本的 4.13%，13 人则认为与同学的关系"说不清"，占男性样本的 10.74%。女性样本中 187 人认为与同学关系良好，占女性样本的 86.98%，3 人认为与同学关系"不是"良好，占女性样本的 1.40%，2 人认为与同学关系"没必要"保持良好，占女性样本的 0.93%，23 人则认为与同学的关系"说不清"，占女性样本的 10.69%。仅从此情景看，相对于男性样本，女性样本与同学关系保持良好状态。

不同学生层次中，博士研究生样本中 11 人认为与同学关系良好，占博士研究生样本的 100%。硕士研究生样本中，91 人认为与同学关系良好，占硕士研究生样本的 92.86%，1 人认为与同学关系"没必要"保持良好，占硕士研究生样本的 1.02%，6 人则认为与同学的关系"说不清"，占硕士研究生样本的 6.12%。本科生样本中 187 人认为与同学关系良好，占本科生样本的 82.38%，4 人认为与同学关系"不是"良好，占本科生样本的 1.76%，6 人认为与同学关系"没必要"保持良好，占本科生样本的 2.64%，30 人则认为与同学的关系"说不清"，占本科生样本的 13.22%。仅从此情景看，相对于本科生样本，博士研究生、硕士研究生样本与同学关系保持良好状态。

不同年级中，2020 级样本中 159 人认为与同学关系良好，占 2020 级样本的 90.34%，1 人认为与同学关系"不是"良好，占 2020 级样本的 0.57%，2 人认为与同学关系"没必要"保持良好，占 2020 级样本的 1.14%，14 人则认为与同学的关系"说不清"，占 2020 级样本的 7.95%。2019 级样本中 74 人认为与同学关系良好，占 2019 级样本的 91.36%，1 人认为与同学关系"不是"良好，占 2019 级样本的 1.23%，2 人认为与同学关系"没必要"保持良好，占 2019 级样本的 2.47%，4 人则认为与同学的关系"说不清"，占 2019 级样本的 4.94%。2018 级样本中 38 人认为与同学关系良好，占 2018 级样本的 65.52%，2 人认为与同学关系"不是"良好，占 2018 级样本的 3.45%，3 人认为与同学关系"没必要"保持良好，占 2018 级样本的 5.17%，15 人则认为与同学的关系"说不清"，占 2018 级样本的 25.86%。2017 级样本中 16 人认为与同学关系良好，占 2017 级样本的 84.21%，3 人则认为与同学的关系"说不清"，占 2017 级样本的 15.79%。其他年级样本中 2 人认为与同学关系良好，占其他年级样本的 100%。仅从此情景看，除了其他年级样本，相对于 2018 级，

2020级、2019级和2017级样本与同学关系保持良好状态。

三、帮助同学

在假设"同学忘记带笔或本子，你会借给他吗？"的情景中，总样本中281人选择"不管是谁都会借给他"，占总样本的83.63%，43人选择"如果关系好会借"，占总样本的12.80%，12人选择"不会"，占总样本的3.57%。仅从此情景看，总样本中绝大部分选择会借文具给同学，一部分选择会借给关系好的同学，仍有一部分不会借文具给对方。如图3-5所示。

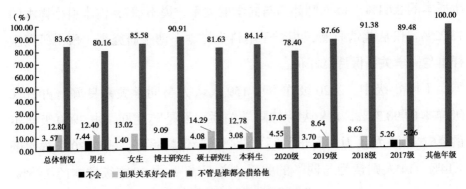

图3-5　是否会借文具给同学

不同性别中，男性样本中97人选择"不管是谁都会借给他"，占男性样本的80.16%，15人选择"如果关系好会借"，占男性样本的12.40%，9人选择"不会"，占男性样本的7.44%。女性样本中184人选择"不管是谁都会借给他"，占总样本的85.58%，28人选择"如果关系好会借"，占女性样本的13.02%，3人选择"不会"，占女性样本的1.40%。仅从此情景看，绝大部分选择会借文具给同学，相对于男性，女性更倾向于会借文具给同学，不论关系好与不好。

不同学生层次中，博士研究生样本中10人选择"不管是谁都会借给他"，占博士研究生样本的90.91%，1人选择"不会"，占博士研究生样本的9.09%。硕士研究生样本中80人选择"不管是谁都会借给他"，占硕士研究生样本的 81.63%，14 人选择"如果关系好会借"，占硕士研究生样本的 14.29%，4 人选择"不会"，占硕士研究生样本的 4.08%。本科生样本中 191 人选择"不管是谁都会借给他"，占本科生样本的 84.14%，29人选择"如果关系好会借"，占本科生样本的 12.78%，7 人选择"不会"，占本科生样本的 3.08%。仅从此情景看，绝大部分选择会借文具给同学，相对于博士研究生，硕士研究生、本科生更倾向于会借文具给同学，不论关系好与不好。

不同年级中，2020 级样本中 138 人选择"不管是谁都会借给他"，占 2020 级样本的 78.40%，30 人选择"如果关系好会借"，占 2020 级样本的 17.05%，8 人选择"不会"，占 2020 级样本的 4.55%。2019 级样本中 71 人选择"不管是谁都会借给他"，占 2019 级样本的 87.66%，7 人选择"如果关系好会借"，占 2019 级样本的 8.64%，3 人选择"不会"，占2019 级样本的 3.70%。2018 级样本中 53 人选择"不管是谁都会借给他"，占 2018 级样本的 91.38%，5 人选择"如果关系好会借"，占 2018 级样本的 8.62%。2017 级样本中 17 人选择"不管是谁都会借给他"，占 2017 级样本的 89.48%，1 人选择"如果关系好会借"，占 2017 级样本的 5.26%，1 人选择"不会"，占 2017 级样本的 5.26%。其他年级样本中 2 人选择"不管是谁都会借给他"，占其他年级样本的 100%。仅从此情景看，绝大部分选择会借文具给同学，相对于 2017 级，2020 级、2019 级、2018 级和其他年级更倾向于会借文具给同学，不论关系好与不好。

四、寻求他人帮助

在问及"遇到困难需要帮助时，首先想到的是谁"时，总样本中 24人选择向老师求助，占总样本的 7.14%，164 人选择向同学求助，占总样本的 48.81%，129 人选择向父母求助，占总样本的 38.39%，19 人则认为无处可说，占总样本的 5.66%。仅从此情景看，父母和同学仍是样本遭遇困难时寻求帮助的主要对象。如图 3-6 所示。

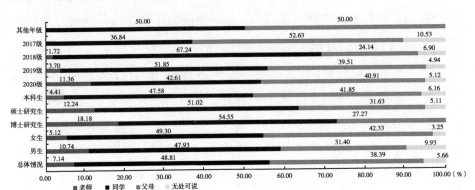

图 3-6　遭遇困难时寻求帮助首选对象

不同性别中，男性样本中 13 人选择向老师求助，占男性样本的 10.74%，58 人选择向同学求助，占男性样本的 47.93%，38 人选择向父母求助，占男性样本的 31.40%，12 人则认为无处可说，占男性样本的 9.93%。女性样本中 11 人选择向老师求助，占女性样本的 5.12%，106 人选择向同学求助，占女性样本的 49.30%，91 人选择向父母求助，占女性样本的 42.33%，7 人则认为无处可说，占女性样本的 3.25%。仅从此情景看，父母和同学仍是不同性别样本遭遇困难寻求帮助的主要对象。

不同学生层次中，博士研究生样本中 2 人选择向老师求助，占博士研究生样本的 18.18%，6 人选择向同学求助，占博士研究生样本的 54.55%，3 人选择向父母求助，占博士研究生样本的 27.27%。硕士研究生样本中 12 人选择向老师求助，占硕士研究生样本的 12.24%，50 人选择向同学求助，占硕士研究生样本的 51.02%，31 人选择向父母求助，占硕士研究生样本的 31.63%，5 人则认为无处可说，占硕士研究生样本的 5.11%。本科生样本中 10 人选择向老师求助，占本科生样本的 4.41%，108 人选择向同学求助，占本科生样本的 47.58%，95 人选择向父母求助，占本科生样本的 41.85%，14 人则认为无处可说，占本科生样本的 6.16%。

仅从此情景看，同学仍是不同学生样本遭遇困难时寻求帮助的主要对象。

不同年级中，2020 级样本中 20 人选择向老师求助，占 2020 级样本的 11.36%，75 人选择向同学求助，占 2020 级样本的 42.61%，72 人选择向父母求助，占 2020 级样本的 40.91%，9 人则认为无处可说，占 2020 级样本的 5.12%。2019 级样本中 3 人选择向老师求助，占 2019 级样本的 3.70%，42 人选择向同学求助，占 2019 级样本的 51.85%，32 人选择向父母求助，占 2019 级样本的 39.51%，4 人则认为无处可说，占 2019 级样本的 4.94%。2018 级样本中 1 人选择向老师求助，占 2018 级样本的 1.72%，39 人选择向同学求助，占 2018 级样本的 67.24%，14 人选择向父母求助，占 2018 级样本的 24.14%，4 人则认为无处可说，占 2018 级样本的 6.90%。2017 级样本中 7 人选择向同学求助，占 2017 级样本的 36.84%，10 人选择向父母求助，占 2017 级样本的 52.63%，2 人则认为无处可说，占 2017 级样本的 10.53%。其他年级样本中 1 人选择向同学求助，占其他年级样本的 50.00%，1 人选择向父母求助，占其他年级样本的 50.00%。仅从此情景看，同学是 2020 级、2019 级、2018 级和其他年级样本遭遇困难时寻求帮助的首选对象，父母是 2017 级样本遭遇困难时寻求帮助的首选对象。

第四节　与父母关系

一、与父母关系的自我评价

当问及"您认为自己和父母的关系怎么样？"时，总样本中 266 人认为关系"很好"，占总样本的 79.17%，60 人认为关系"一般"，占总样本的 17.86%，2 人认为关系"不好"，占总样本的 0.60%，8 人认为与父母关系"说不清"，占总样本的 2.37%，总体来看，大部分人与父母关系融洽。如图 3-7 所示。

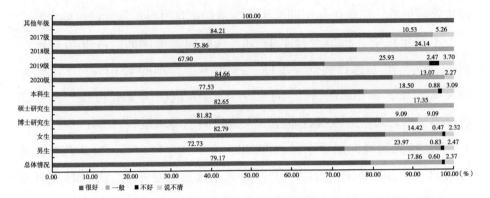

图 3-7　与父母关系的自我评价

不同性别中，男性样本中 88 人认为关系"很好"，占男性样本的 72.73%，29 人认为关系"一般"，占男性样本的 23.97%，1 人认为关系"不好"，占男性样本的 0.83%，3 人认为与父母关系"说不清"，占男性样本的 2.47%。女性样本中 178 人认为关系"很好"，占女性样本的 82.79%，31 人认为关系"一般"，占女性样本的 14.42%，1 人认为关系"不好"，占女性样本的 0.47%，5 人认为与父母关系"说不清"，占女性样本的 2.32%，总体来看，大部分人与父母关系融洽，女性样本的融洽程度高于男性。

不同学生层次中，博士研究生样本中 9 人认为关系"很好"，占博士研究生样本的 81.82%，1 人认为关系"一般"，占博士研究生样本的 9.09%，1 人认为与父母关系"说不清"，占博士研究生样本的 9.09%。硕士研究生样本中 81 人认为关系"很好"，占硕士研究生样本的 82.65%，17 人认为关系"一般"，占硕士研究生样本的 17.35%。本科生样本中 176 人认为关系"很好"，占本科生样本的 77.53%，42 人认为关系"一般"，占本科生样本的 18.50%，2 人认为关系"不好"，占本科生样本的 0.88%，7 人认为与父母关系"说不清"，占本科生样本的 3.09%。总体来看，硕士研究生样本与父母关系"很好"的比重最高，本科生样本与父母关系"一般"比重最高。

不同年级中，2020 级样本中 149 人认为关系"很好"，占 2020 级样本的 84.66%，23 人认为关系"一般"，占 2020 级样本的 13.07%，4 人认为与父母关系"说不清"，占 2020 级样本的 2.27%。2019 级样本中 55 人认为关系"很好"，占 2019 级样本的 67.90%，21 人认为关系"一般"，占 2019 级样本的 25.93%，2 人认为关系"不好"，占 2019 级样本的 2.47%，3 人认为与父母关系"说不清"，占 2019 级样本的 3.70%。2018 级样本中 44 人认为关系"很好"，占 2018 级样本的 75.86%，14 人认为关系"一般"，占 2018 级样本的 24.14%。2017 级样本中 16 人认为关系"很好"，占 2017 级样本的 84.21%，2 人认为关系"一般"，占 2017 级样本的 10.53%，1 人认为与父母关系"说不清"，占 2017 级样本的 5.26%。其他年级样本中 2 人认为关系"很好"，占其他年级样本的 100.00%。总体来看，2020 级、2017 级和其他年级样本与父母关系"很好"比重超过 80%，2019 级与父母关系"很好"比重最低，仅为 67.90%。

二、节假日问候父母

在问及"节假日是否会主动问候父母"时，总样本中 310 人回答"会"，占总样本的 92.26%，26 人则回答"不会"，占总样本的 7.74%。总体来看，绝大部分样本会主动与父母沟通、问候父母，仍有部分样本不主动与父母沟通。如图 3-8 所示。

不同性别中，男性样本中 104 人回答"会"，占男性样本的 85.95%，17 人则回答"不会"，占男性样本的 14.05%。女性样本中 206 人回答"会"，占女性样本的 95.81%，9 人则回答"不会"，占女性样本的 4.19%。总体来看，女性样本主动问候父母的比重高于男性样本。

不同学生层次中，博士研究生样本中 10 人回答"会"，占博士研究生样本的 90.91%，1 人则回答"不会"，占博士研究生样本的 9.09%。硕士研究生样本中 96 人回答"会"，占硕士研究生样本的 97.96%，2 人则

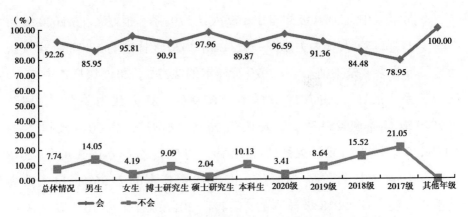

图 3-8　节假日是否会主动问候父母

回答"不会"，占硕士研究生样本的 2.04%。本科生样本中 204 人回答
"会"，占本科生样本的 89.87%，23 人则回答"不会"，占本科生样本的
10.13%。总体来看，硕士研究生节假日主动问候父母的比重最高，本科
生节假日不会主动问候父母的比重最高。

　　不同年级中，2020 级样本中 170 人回答"会"，占 2020 级样本的
96.59%，6 人则回答"不会"，占 2020 级样本的 3.41%。2019 级样本
中 74 人回答"会"，占 2019 级样本的 91.36%，7 人则回答"不会"，占
2019 级样本的 8.64%。2018 级样本中 49 人回答"会"，占 2018 级样本的
84.48%，9 人则回答"不会"，占 2018 级样本的 15.52%。2017 级样本中
15 人回答"会"，占 2017 级样本的 78.95%，4 人则回答"不会"占 2017
级样本的 21.05%。其他年级样本中 2 人回答"会"，占其他年级样本的
100.00%。总体来看，2020 级、2019 级和其他年级样本在节假日主动问候
父母的比重均超过 90%，2017 级样本在节假日主动问候父母的比重最低。

三、关心父母方面

　　在"天气转冷是否会提醒父母添加衣物？"的假设情景中，总样本
中 246 人"会"提醒父母添加衣物，占总样本的 73.21%，29 人"不会"

提醒父母添加衣物，占总样本的 8.63%，61 人"不一定"会提醒父母添加衣物，占总样本的 18.16%。总体来看，约 3/4 的样本关心父母，在天气转冷时会提醒父母添加衣物。如图 3-9 所示。

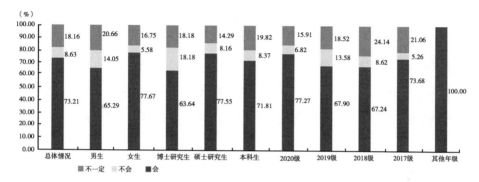

图 3-9　天气转冷是否会提醒父母添加衣物

同一情景不同性别中，男性样本中 79 人"会"提醒父母添加衣物，占男性样本的 65.29%，17 人"不会"提醒父母添加衣物，占男性样本的 14.05%，25 人"不一定"会提醒父母添加衣物，占男性样本的 20.66%。女性样本中 167 人"会"提醒父母添加衣物，占女性样本的 77.67%，12 人"不会"提醒父母添加衣物，占女性样本的 5.58%，36 人"不一定"会提醒父母添加衣物，占女性样本的 16.75%。总体来看，女性样本天气转冷时提醒父母添加衣物的比重高于男性样本。

同一情景不同学生层次中，博士研究生样本中 7 人"会"提醒父母添加衣物，占博士研究生样本的 63.64%，2 人"不会"提醒父母添加衣物，占博士研究生样本的 18.18%，2 人"不一定"会提醒父母添加衣物，占博士研究生样本的 18.18%。硕士研究生样本中 76 人"会"提醒父母添加衣物，占硕士研究生样本的 77.55%，8 人"不会"提醒父母添加衣物，占硕士研究生样本的 8.16%，14 人"不一定"会提醒父母添加衣物，占硕士研究生样本的 14.29%。本科生样本中 163 人"会"提醒父母添加衣物，占本科生样本的 71.81%，19 人"不会"提醒父母添加衣物，占本科生样本的 8.37%，45 人"不一定"会提醒父母添加衣物，占本科生样本的 19.82%。总体来看，硕士研究生样本在天气转冷时提醒父母添加衣物的比例最高。

同一情景不同年级中，2020 级样本中 136 人"会"提醒父母添衣服，占 2020 级样本的 77.27%，12 人"不会"提醒父母添加衣物，占 2020 级样本的 6.82%，28 人"不一定"会提醒父母添加衣物，占 2020 级样本的 15.91%。2019 级样本中 55 人"会"提醒父母添加衣物，占 2019 级样本的 67.90%，11 人"不会"提醒父母添加衣物，占 2019 级样本的 13.58%，15 人"不一定"会提醒父母添加衣物，占 2019 级样本的 18.52%。2018 级样本中 39 人"会"提醒父母添加衣物，占 2018 级样本的 67.24%，5 人"不会"提醒父母添加衣物，占 2018 级样本的 8.62%，14 人"不一定"会提醒父母添加衣物，占 2018 级样本的 24.14%。2017 级样本中 14 人"会"提醒父母添加衣物，占 2017 级样本的 73.68%，1 人"不会"提醒父母添加衣物，占 2017 级样本的 5.26%，4 人"不一定"会提醒父母添加衣物，占 2017 级样本的 21.06%。其他年级样本中 2 人"会"提醒父母添加衣物，占其他年级样本的 100.00%。总体来看，2020 级、2017 级、其他年级样本在"天气转冷会提醒父母添加衣物"的比重均超过 70%。

四、当父母不满足自己需求时

在假设"有学生在父母不满足自己的需求时，会与父母大吵大闹，你有这种情况吗？"的情景中，总样本中有 14 人"经常发生"这种情况，占总样本的 4.17%，204 人"很少发生"这种情况，占总样本的 60.71%，108 人"从未发生过"这种情况，占总样本的 32.14%，10 人表示"说不清楚"，占总样本的 2.98%。总体来看，约 1/3 的样本不会与父母大吵大闹，约 2/3 的样本与父母发生过大吵大闹。如图 3-10 所示。

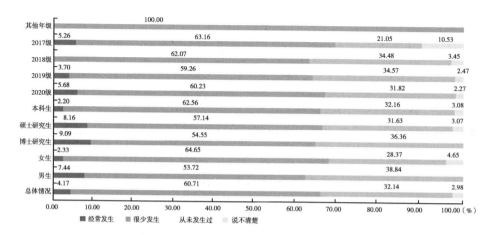

图 3-10　当父母不满足自己的需求时是否与父母大吵大闹

同一情景不同性别中，男性样本中有 9 人"经常发生"这种情况，占男性样本的 7.44%，65 人"很少发生"这种情况，占男性样本的 53.72%，47 人"从未发生过"这种情况，占男性样本的 38.84%。女性样本中有 5 人"经常发生"这种情况，占女性样本的 2.33%，139 人"很少发生"这种情况，占女性样本的 64.65%，61 人"从未发生过"这种情况，占女性样本的 28.37%，10 人表示"说不清楚"，占女性样本的 4.65%。从总体来看，女性样本"从未发生过""很少发生"比例为 93.02%，比男性"从未发生过""很少发生"的比例高。

同一情景不同学生层次中，博士研究生样本中有 1 人"经常发生"这种情况，占博士研究生样本的 9.09%，6 人"很少发生"这种情况，占博士研究生样本的 54.55%，4 人"从未发生过"这种情况，占博士研究生样本的 36.36%。硕士研究生总样本中有 8 人"经常发生"这种情况，占硕士研究生样本的 8.16%，56 人"很少发生"这种情况，占硕士研究生样本的 57.14%，31 人"从未发生过"这种情况，占硕士研究生样本的 31.63%，3 人表示"说不清楚"，占硕士研究生样本的 3.07%。本科生样本中有 5 人"经常发生"这种情况，占本科生样本的 2.20%，142 人"很少发生"这种情况，占本科生样本的 62.56%，73 人"从未发生过"这种情况，占本科生样本的 32.16%，7 人表示"说不清楚"，占本科生样本的 3.08%。总体来看，本科生"从未发生过""很少发生"比重为 94.72%，比例最高，博士研究生"从未发生过""很少发生"比重为 90.91%，比例第二，硕士研究生"从未发生过""很少发生"比重为 88.77%，比例最低。

同一情景不同年级中，2020 级样本中有 10 人"经常发生"这种情况，占 2020 级样本的 5.68%，106 人"很少发生"这种情况，占 2020 级样本的 60.23%，56 人"从未发生过"这种情况，占 2020 级样本的 31.82%，4 人表示"说不清楚"，占 2020 级样本的 2.27%。2019 级样本中有 3 人"经常发生"这种情况，占 2019 级样本的 3.70%，48 人"很少发生"这种情况，占 2019 级样本的 59.26%，28 人"从未发生过"这种情况，占 2019 级样本的 34.57%，2 人表示"说不清楚"，占 2019 级样本的 2.47%。2018 级样本中有 36 人"很少发生"这种情况，占 2018 级样本的 62.07%，20 人"从未发生过"这种情况，占 2018 级样本的 34.48%，2 人表示"说不清楚"，占 2018 级样本的 3.45%。2017 级样本中有 1 人"经常发生"这种情况，占 2017 级样本的 5.26%，12 人"很少发生"这种情况，占 2017 级样本的 63.16%，4 人"从未发生过"这种情况，占 2017 级样本的 21.05%，2 人表示"说不清楚"，占 2017 级样本的 10.53%。其他年级样本中有 2 人"很少发生"这种情况，占其他年级样本的 100.00%。总体来看，其他年级"从未发生过""很少发生"比重为 100.00%，比重最高，2018 级"从未发生过""很少发生过"比重为 96.55%，2019 级"从未发生过""很少发生"比重为 93.83%，2020 级"从未发生过""很少发生"比重为 92.05%，2017 级"从未发生过""很少发生"比重为 84.21%，比重最低。

五、与父母主动交流学习和生活情况

在"'我不主动和父母交流我的学习和生活情况'，您觉得这种情况符

合自己的实际情况吗？"情景中，总样本中 87 人认为"符合"自己的实际
情况，占总样本的 25.89%，192 人认为"不符合"自己的实际情况，占总
样本的 57.14%，57 人表示"说不清"，占总样本的 16.97%，总体来看，一
半以上的样本会主动与父母交流自己的学习和生活情况。如图 3-11 所示。

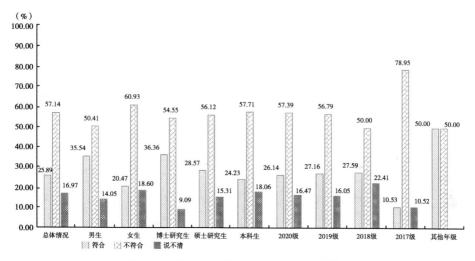

图 3-11　不主动与父母交流学习和生活情况

同一情景不同性别中，男性样本中 43 人认为"符合"自己的实际，
占男性样本的 35.54%，61 人认为"不符合"自己的实际情况，占男性
样本的 50.41%，17 人表示"说不清"，占男性样本的 14.05%。女性样本
中 44 人认为"符合"自己的实际情况，占女性样本的 20.47%，131 人认
为"不符合"自己的实际情况，占女性样本的 60.93%，40 人表示"说不
清"，占女性样本的 18.60%。总体来看，男性样本的"符合"程度高于女
性样本，"不符合"程度低于女性样本。

同一情景不同学生层次中，博士研究生样本中 4 人认为"符合"自
己的实际情况，占博士研究生样本的 36.36%，6 人认为"不符合"自己
的实际情况，占博士研究生样本的 54.55%，1 人表示"说不清"，占博士
研究生样本的 9.09%。硕士研究生样本中 28 人认为"符合"自己的实际

情况，占硕士研究生样本的 28.57%，55 人认为"不符合"自己的实际情况，占硕士研究生样本的 56.12%，15 人表示"说不清"，占硕士研究生样本的 15.31%。本科生样本中 55 人认为"符合"自己的实际情况，占本科生样本的 24.23%，131 人认为"不符合"自己的实际情况，占本科生样本的 57.71%，41 人表示"说不清"，占本科生样本的 18.06%。总体来看，"符合"即不主动与父母交流学习和生活情况中，博士研究生样本比重最高，硕士研究生样本次之，本科生样本最低；"不符合"即主动与父母交流学习和生活情况中，本科生样本最高，硕士研究生样本次之，博士研究生样本最低。

同一情景不同年级中，2020 级样本中 46 人认为"符合"自己的实际情况，占 2020 级样本的 26.14%，101 人认为"不符合"自己的实际情况，占 2020 级样本的 57.39%，29 人表示"说不清"，占 2020 级样本的 16.47%。2019 级样本中 22 人认为"符合"自己的实际情况，占 2019 级样本的 27.16%，46 人认为"不符合"自己的实际情况，占 2019 级样本的 56.79%，13 人表示"说不清"，占 2019 级样本的 16.05%。2018 级样本中 16 人认为"符合"自己的实际情况，占 2018 级样本的 27.59%，29 人认为"不符合"自己的实际情况，占 2018 级样本的 50.00%，13 人表示"说不清"，占 2018 级样本的 22.41%。2017 级样本中 2 人认为"符合"自己的实际情况，占 2017 级样本的 10.53%，15 人认为"不符合"自己的实际情况，占 2017 级样本的 78.95%，2 人表示"说不清"，占 2017 级样本的 10.52%。其他年级样本中 1 人认为"符合"自己的实际情况，占其他年级样本的 50.00%，1 人认为"不符合"自己的实际情况，占其他年级样本的 50.00%。总体来看，"符合"即不主动与父母交流学习和生活情况中，其他年级样本比重最高，随后依次是 2018 级、2019 级、2020 级，2017 级样本最低；"不符合"即主动与父母交流学习和生活情况中，2017 级样本最高，随后依次是 2020 级、2019 级，2018 级和其他年级样本最低。

第五节　与老师关系

一、遇到老师时如何做

在问及"看到老师您会怎么做？"时，总样本中220人选择"主动向老师问好"，占总样本的65.48%，109人选择"认识的老师才会打招呼"，占总样本的32.44%，6人选择"远远地避开"，占总样本的1.79%，1人选择"老师叫名字了，才和老师打招呼"，占总样本的0.29%。总体来看，半数以上的同学遇到老师会主动打招呼。如图3-12所示。

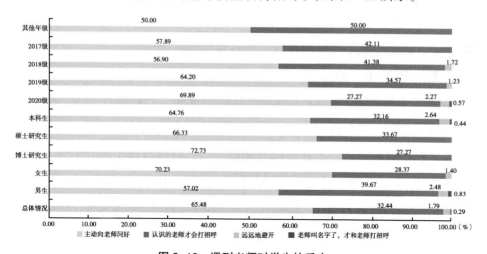

图 3-12　遇到老师时学生的反应

不同性别中，男性样本中69人选择"主动向老师问好"，占男性样本的57.02%，48人选择"认识的老师才会打招呼"，占男性样本的39.67%，3人选择"远远地避开"，占男性样本的2.48%，1人选择"老师叫名字了，才和老师打招呼"，占男性样本的0.83%。女性样本中151人选择"主动向老师问好"，占女性样本的70.23%，61人选择"认识的老师才会打招呼"，占女性样本的28.37%，3人选择"远远地避开"，占女性样本的 1.40%。总体来看，女性样本遇见老师主动问好的比例高出男性样本 13.21 个百分点。

不同学生层次中，博士研究生样本中 8 人选择"主动向老师问好"，占博士研究生样本的 72.73%，3 人选择"认识的老师才会打招呼"，占博士研究生样本的 27.27%。硕士研究生样本中 65 人选择"主动向老师问好"，占硕士研究生样本的 66.33%，33 人选择"认识的老师才会打招呼"，占硕士研究生样本的 33.67%。本科生样本中 147 人选择"主动向老师问好"，占本科生样本的 64.76%，73 人选择"认识的老师才会打招呼"，占本科生样本的 32.16%，6 人选择"远远地避开"，占本科生样本的 2.64%，1 人选择"老师叫名字了，才和老师打招呼"，占本科生样本的 0.44%。总体来看，见到"老师主动问好"中，比重最大的是博士研究生样本，其次是硕士研究生样本，本科生样本比例最低。

不同年级中，2020 级样本中 123 人选择"主动向老师问好"，占 2020 级样本的 69.89%，48 人选择"认识的老师才会打招呼"，占 2020 级样本的 27.27%，4 人选择"远远地避开"，占 2020 级样本的 2.27%，1 人选择"老师叫名字了，才和老师打招呼"，占 2020 级样本的 0.57%。2019 级样本中 52 人选择"主动向老师问好"，占 2019 级样本的 64.20%，28 人选择"认识的老师才会打招呼"，占 2019 级样本的 34.57%，1 人选择"远远地避开"，占 2019 级样本的 1.23%。2018 级样本中 33 人选择"主动向老师问好"，占 2018 级样本的 56.90%，24 人选择"认识的老师才会打招呼"，占 2018 级样本的 41.38%，1 人选择"远远地避开"，占 2018 级样本的 1.72%。2017 级样本中 11 人选择"主动向老师问好"，占 2017 级样本的 57.89%，8 人选择"认识的老师才会打招呼"，占 2017 级样本的 42.11%。其他年级样本中 1 人选择"主动向老师问好"，占其他年级样本的 50.00%，1 人选择"认识的老师才会打招呼"，占其他年级样本的 50.00%。总体来看，"主动向老师问好"中，比重最大的是 2020 级样本，随后依次是 2019 级、2017 级、2018 级和其他年级样本。

二、老师指导与帮助

在问及"您所接触的老师有经常找您谈心，并给予您指导和帮助吗？"时，总样本中 164 人选择"有"，占总样本的 48.81%，145 人选择"没有"，占总样本的 43.15%，27 人选择"不记得"，占总样本的 8.04%。总体来看，样本遇到的老师中，有经常给予帮助和指导的老师的比重仅略高于没有经常给予指导和帮助的老师。如图 3-13 所示。

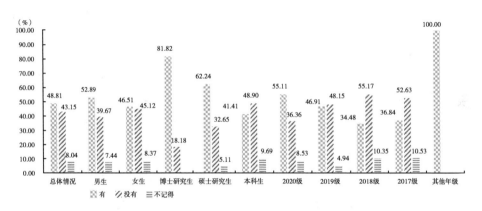

图 3-13 所遇老师是否有经常给予指导和帮助

不同性别中，男性样本中 64 人选择"有"，占男性样本的 52.89%，48 人选择"没有"，占男性样本的 39.67%，9 人选择"不记得"，占男性样本的 7.44%。女性样本中 100 人选择"有"，占女性样本的 46.51%，97 人选择"没有"，占女性样本的 45.12%，18 人选择"不记得"，占女性样本的 8.37%。总体来看，男性样本遇到的老师有经常给予指导和帮助的比例高出女性样本 6.38 个百分点，男性样本遇到的老师没有经常给予指导和帮助的比例低于女性样本 5.45 个百分点。

不同学生层次中，博士研究生样本中 9 人选择"有"，占博士研究生样本的 81.82%，2 人选择"没有"，占博士研究生样本的 18.18%。硕士研究生样本中 61 人选择"有",占硕士研究生样本的 62.24%,32 人选择"没有",占硕士研究生样本的 32.65%,5 人选择"不记得",占硕士研究生样本的 5.11%。本科生样本中 94 人选择"有",占本科生样本的 41.41%,111 人选择"没有",占本科生样本的 48.90%,22 人选择"不记得",占本科生样本的 9.69%。总体来看,博士研究生样本所遇老师有经常给予指导帮助的比例最高,硕士研究生样本次之,本科生样本最低;本科生所遇老师没有经常给予指导帮助的比例最高,硕士研究生样本次之,博士研究生样本最低。

不同年级中,2020 级样本中 97 人选择"有",占 2020 级样本的 55.11%,64 人选择"没有",占 2020 级样本的 36.36%,15 人选择"不记得",占 2020 级样本的 8.53%。2019 级样本中 38 人选择"有",占 2019 级样本的 46.91%,39 人选择"没有",占 2019 级样本的 48.15%,4 人选择"不记得",占 2019 级样本的 4.94%。2018 级样本中 20 人选择"有",占 2018 级样本的 34.48%,32 人选择"没有",占 2018 级样本的 55.17%,6 人选择"不记得",占 2018 级样本的 10.35%。2017 级样本中 7 人选择"有",占 2017 级样本的 36.84%,10 人选择"没有",占 2017 级样本的 52.63%,2 人选择"不记得",占 2017 级样本的 10.53%。其他年级样本中 2 人选择"有",占其他年级样本的 100.00%。总体来看,除去其他年级样本,2020 级样本所遇老师有经常给予指导帮助的比例最高,超过 50.00%,2019 级、2017 级样本次之,2018 级样本最低;2018 级样本所遇老师没有经常给予指导帮助的比例最高,2017 级、2019 级样本次之,2020 级样本比例最低。

三、老师对学生的了解程度

在问及"老师对您的学习、生活和工作等方面了解程度如何?"时,总样本中 119 人认为"了解很多",占总样本的 35.42%,143 人认为"了解很少",占总样本的 42.56%,26 人认为"一点也不了解",占总样本的

7.74%，48 人认为"说不清"，占总样本的 14.28%。总体来看，50.30% 的样本认为老师并不了解学生的情况。如图 3-14 所示。

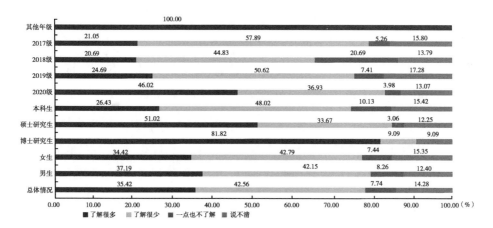

图 3-14　老师对学生的了解程度

不同性别中，男性样本中 45 人认为"了解很多"，占男性样本的 37.19%，51 人认为"了解很少"，占男性样本的 42.15%，10 人认为"一点也不了解"，占男性样本的 8.26%，15 人认为"说不清"，占男性样本的 12.40%。女性样本中 74 人认为"了解很多"，占女性样本的 34.42%，92 人认为"了解很少"，占女性样本的 42.79%，16 人认为"一点也不了解"，占女性样本的 7.44%，33 人认为"说不清"，占女性样本的 15.35%。总体来看，男性样本认为其老师对学生"了解很多"的比例略高于女性样本，男性样本认为其老师对学生"了解很少"的比例基本与女性样本持平。

不同学生层次中，博士研究生样本中 9 人认为"了解很多"，占博士研究生样本的 81.82%，1 人认为"了解很少"，占博士研究生样本的 9.09%，1 人认为"说不清"，占博士研究生样本的 9.09%。硕士研究生样本中 50 人认为"了解很多"，占硕士研究生样本的 51.02%，33 人认为"了解很少"，占硕士研究生样本的 33.67%，3 人认为"一点也不了解"，占硕士研究生样本的 3.06%，12 人认为"说不清"，占硕士研究生样本的

12.25%。本科生样本中 60 人认为"了解很多"，占本科生样本的 26.43%，109 人认为"了解很少"，占本科生样本的 48.02%，23 人认为"一点也不了解"，占本科生样本的 10.13%，35 人认为"说不清"，占本科生样本的 15.42%。总体来看，博士研究生样本认为其老师对学生"了解很多"比重最高，硕士研究生样本次之，本科生样本比重最低；本科生样本认为其老师对学生"了解很少"比重最高，硕士研究生样本次之，博士研究生样本比重最低。

不同年级中，2020 级样本中 81 人认为"了解很多"，占 2020 级样本的 46.02%，65 人认为"了解很少"，占 2020 级样本的 36.93%，7 人认为"一点也不了解"，占 2020 级样本的 3.98%，23 人认为"说不清"，占 2020 级样本的 13.07%。2019 级样本中 20 人认为"了解很多"，占 2019 级样本的 24.69%，41 人认为"了解很少"，占 2019 级样本的 50.62%，6 人认为"一点也不了解"，占 2019 级样本的 7.41%，14 人认为"说不清"，占 2019 级样本的 17.28%。2018 级中 12 人认为"了解很多"，占 2018 级样本的 20.69%，26 人认为"了解很少"，占 2018 级样本的 44.83%，12 人认为"一点也不了解"，占 2018 级样本的 20.69%，8 人认为"说不清"，占 2018 级样本的 13.79%。2017 级样本中 4 人认为"了解很多"，占 2017 级样本的 21.05%，11 人认为"了解很少"，占总 2017 级样本的 57.89%，1 人认为"一点也不了解"，占 2017 级样本的 5.26%，3 人认为"说不清"，占 2017 级样本的 15.80%。其他年级样本中 2 人认为"了解很多"，占其他年级样本的 100.00%。总体来看，除其他年级样本，2020 级样本其老师对学生"了解很多"比重最高，2018 级样本最低；2017 级样本其老师对学生"了解很少"比重最高，2020 级样本最低。

四、老师对德育的重视程度

当问及"您接触到的老师对德育这一块的知识强调得多吗？"时，

总样本中 240 人选择"多",占总样本的 71.43%,69 人选择"不多",占总样本的 20.54%,27 人选择"没关注",占总样本的 8.04%。总体来看,大部分老师比较重视德育。如图 3-15 所示。

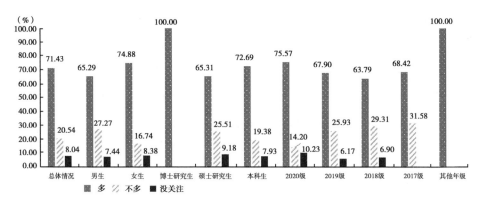

图 3-15　老师对德育的强调程度

不同性别中,男性样本中 79 人选择"多",占男性样本的 65.29%,33 人选择"不多",占男性样本的 27.27%,9 人选择"没关注",占男性样本的 7.44%。女性样本中 161 人选择"多",占女性样本的 74.88%,36 人选择"不多",占女性样本的 16.74%,18 人选择"没关注",占女性样本的 8.38%。女性样本其老师对德育强调"多"的比例高出男性样本 9.59 个百分点。

不同学生层次中,博士研究生样本中 11 人选择"多",占博士研究生样本的 100.00%。硕士研究生样本中 64 人选择"多",占硕士研究生样本的 65.31%,25 人选择"不多",占硕士研究生样本的 25.51%,9 人选择"没关注",占硕士研究生样本的 9.18%。本科生样本中 165 人选择"多",占本科生样本的 72.69%,44 人选择"不多",占本科生样本的 19.38%,18 人选择"没关注",占本科生样本的 7.93%。总体来看,博士研究生样本其老师对德育强调"多"的比例最高,本科生样本次之,硕士研究生样本比例最低。

不同年级中，2020级样本中133人选择"多"，占2020级样本的75.57%，25人选择"不多"，占2020级样本的14.20%，18人选择"没关注"，占2020级样本的10.23%。2019级样本中55人选择"多"，占2019级样本的67.90%，21人选择"不多"，占2019级样本的25.93%，5人选择"没关注"，占2019级样本的6.17%。2018级样本中37人选择"多"，占2018级样本的63.79%，17人选择"不多"，占2018级样本的29.31%，4人选择"没关注"，占2018级样本的6.90%。2017级样本中13人选择"多"，占2017级样本的68.42%，6人选择"不多"，占2017级样本的31.58%。其他年级样本中2人选择"多"，占其他年级样本的100.00%。总体来看，除去其他年级样本，2020级样本其老师对学生了解程度"多"的比重最高，超过70.00%，2018级样本比重最低。

第六节　师生关系维持

当问及"老师知道您犯错了，经常会怎么样？"时，总样本中20人选择了"什么都不管，先训斥一顿"，占总样本的5.95%，239人选择"很耐心地给我指出问题所在，并引导我找出解决问题的办法"，占总样本的71.13%，77人选择"看我的认错态度来进行处理"，占总样本的22.92%。总体来看，样本的老师七成以上会耐心帮助学生分析问题，解决问题。如图3-16所示。

不同性别中，男性样本中9人选择了"什么都不管，先训斥一顿"，占男性样本的7.44%，78人选择"很耐心地给我指出问题所在，并引导我找出解决问题的办法"，占男性样本的64.46%，34人选择"看我的认错态度来进行处理"，占男性样本的28.10%。女性样本中11人选择了"什么都不管，先训斥一顿"，占女性样本的5.12%，161人选择"很耐心地给我指出问题所在，并引导我找出解决问题的办法"，占女性样

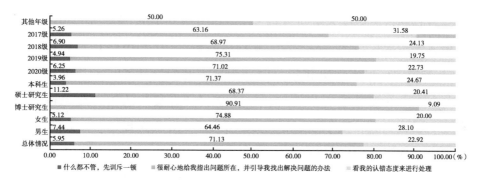

图 3-16 学生犯错时其老师的态度

本的 74.88%，43 人选择"看我的认错态度来进行处理"，占女性样本的 20.00%。总体来看，女性样本犯错时老师耐心帮助比例高出男性样本 10.42 个百分点。

不同学生层次中，博士研究生样本中 10 人选择"很耐心地给我指出问题所在，并引导我找出解决问题的办法"，占博士研究生样本的 90.91%，1 人选择"看我的认错态度来进行处理"，占博士研究生样本的 9.09%。硕士研究生样本中 11 人选择了"什么都不管，先训斥一顿"，占硕士研究生样本的 11.22%，67 人选择"很耐心地给我指出问题所在，并引导我找出解决问题的办法"，占硕士研究生样本的 68.37%，20 人选择"看我的认错态度来进行处理"，占硕士研究生样本的 20.41%。本科生样本中 9 人选择了"什么都不管，先训斥一顿"，占本科生样本的 3.96%，162 人选择"很耐心地给我指出问题所在，并引导我找出解决问题的办法"，占本科生样本的 71.37%，56 人选择"看我的认错态度来进行处理"，占本科生样本的 24.67%。总体来看，博士研究生样本在犯错时其老师耐心指导的比例最高，本科生样本次之，硕士研究生样本比例最低。

不同年级中，2020 级样本中 11 人选择了"什么都不管，先训斥一顿"，占 2020 级样本的 6.25%，125 人选择"很耐心地给我指出问题所在，并引导我找出解决问题的办法"，占 2020 级样本的 71.02%，40 人选择"看我的认错态度来进行处理",占 2020 级样本的 22.73%。2019 级样本中 4 人选择了"什么都不管,先训斥一顿",占 2019 级样本的 4.94%,61 人选择"很耐心地给我指出问题所在,并引导我找出解决问题的办法",占 2019 级样本的 75.31%,16 人选择"看我的认错态度来进行处理",占 2019 级样本的 19.75%。2018 级样本中 4 人选择了"什么都不管,先训斥一顿",占 2018 级样本的 6.90%,40 人选择"很耐心地给我指出问题所在,并引导我找出解决问题的办法",占 2018 级样本的 68.97%,14 人选择"看我的认错态度来进行处理",占 2018 级样本的 24.13%。2017 级样本中 1 人选择了"什么都不管,先训斥一顿",占 2017 级样本的 5.26%,12 人选择"很耐心地给我指出问题所在,并引导我找出解决问题的办法",占 2017 级样本的 63.16%,6 人选择"看我的认错态度来进行处理",占 2017 级样本的 31.58%。其他年级样本中 1 人选择"很耐心地给我指出问题所在,并引导我找出解决问题的办法",占其他年级样本的 50.00%,1 人选择"看我的认错态度来进行处理",占其他年级样本的 50.00%。总体来看,除去其他年级样本,2019 级样本犯错时老师耐心指导比例最高,2020 级样本次之,随后是 2018 级样本,2017 级样本比例最低。

一、老师进行道德教育和引导的频率

当问及"您的老师在和您沟通时是否经常注重理论联系实际及时对学生进行道德教育和引导?"时,205 人认为"经常",占总样本的 61.01%,119 人认为"偶尔",占总样本的 35.42%,12 人认为"从来没有",占总样本的 3.57%。总体来看,大部分老师在指导学生时注重道德教育和引导。如图 3-17 所示。

不同性别中,男性样本中 68 人认为"经常",占男性样本的 56.20%,48 人认为"偶尔",占男性样本的 39.67%,5 人认为"从来没有",占男性样本的 4.13%。女性样本中 137 人认为"经常",占女性样本的

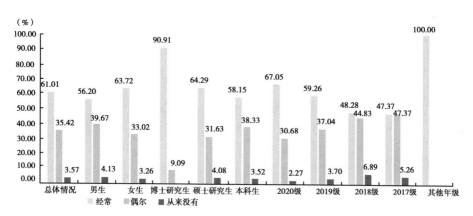

图 3-17 老师进行道德教育和引导的频率

63.72%，71 人认为"偶尔"，占女性样本的 33.02%，7 人认为"从来没有"，占女性样本的 3.26%。总体来看，女性样本其老师"经常"进行道德教育和引导的比重高于男性样本。

不同学生层次中，博士研究生样本中 10 人认为"经常"，占博士研究生样本的 90.91%，1 人认为"偶尔"，占博士研究生样本的 9.09%。硕士研究生 63 人认为"经常"，占硕士研究生样本的 64.29%，31 人认为"偶尔"，占硕士研究生样本的 31.63%，4 人认为"从来没有"，占硕士研究生样本的 4.08%。本科生样本中 132 人认为"经常"，占本科生样本的 58.15%，87 人认为"偶尔"，占本科生样本的 38.33%，8 人认为"从来没有"，占总本科生样本的 3.52%。总体来看，博士研究生样本其老师"经常"进行道德教育和引导的比重最高，硕士研究生样本次之，本科生样本最低。

不同年级中，2020 级样本中 118 人认为"经常"，占 2020 级样本的 67.05%，54 人认为"偶尔"，占 2020 级样本的 30.68%，4 人认为"从来没有"，占 2020 级样本的 2.27%。2019 级样本中 48 人认为"经常"，占 2019 级样本的 59.26%，30 人认为"偶尔"，占 2019 级样本的 37.04%，3 人认为"从来没有"，占 2019 级样本的 3.70%。2018 级样本中 28 人认为"经常"，占 2018 级样本的 48.28%，26 人认为"偶尔"，占 2018 级样本的

44.83%，4人认为"从来没有"，占2018级样本的6.89%。2017级样本中9人认为"经常"，占2017级样本的47.37%，9人认为"偶尔"，占2017级样本的47.37%，1人认为"从来没有"，占2017级样本的5.26%。其他年级样本中2人认为"经常"，占其他年级样本的100.00%。总体来看，除去其他年级样本，2020级样本的老师"经常"对其进行道德教育和引导的比重最高，2017级样本比重最低。

二、师生关系

当问及"您认为当前您所知道的师生关系怎么样？"时，总样本中134人认为"非常融洽"，占总样本的39.88%，145人认为"比较融洽"，占总样本的43.15%，52人认为"一般"，占总样本的15.48%，5人认为"比较紧张"，占总样本的1.49%。总体来看，总样本中超过80.00%的样本认为师生关系融洽。如图3-18所示。

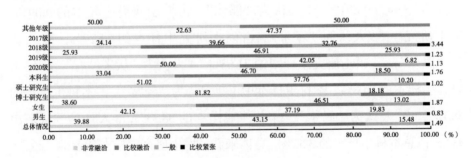

图3-18 学生对师生关系的评价

不同性别中，男性样本中51人认为"非常融洽"，占男性样本的42.15%，45人认为"比较融洽"，占男性样本的37.19%，24人认为"一般"，占男性样本的19.83%，1人认为"比较紧张"，占男性样本的0.83%。女性样本中83人认为"非常融洽"，占女性样本的38.60%，100人认为"比较融洽"，占女性样本的46.51%，28人认为"一般"，占女性样本的13.02%，4人认为"比较紧张"，占女性样本的1.87%。总体来看，女性样本认为师生关系融洽的比例为 85.11%，高出男性样本约 6 个百分点。

不同学生层次中，博士研究生样本中 9 人认为"非常融洽"，占博士研究生样本的 81.82%，2 人认为"比较融洽"，占博士研究生样本的 18.18%。硕士研究生样本中 50 人认为"非常融洽"，占硕士研究生样本的 51.02%，37 人认为"比较融洽"，占硕士研究生样本的 37.76%，10 人认为"一般"，占硕士研究生样本的 10.20%，1 人认为"比较紧张"，占硕士研究生样本的 1.02%。本科生样本中 75 人认为"非常融洽"，占本科生样本的 33.04%，106 人认为"比较融洽"，占本科生样本的 46.70%，42 人认为"一般"，占本科生样本的 18.50%，4 人认为"比较紧张"，占本科生样本的 1.76%。总体来看，博士研究生样本认为师生关系融洽的比例高达 100.00%，为最高；硕士研究生样本认为师生关系融洽的比例为 88.78%；本科生样本认为师生关系融洽的比例为 79.84%，为最低。

不同年级样本中，2020 级样本中 88 人认为"非常融洽"，占 2020 级样本的 50.00%，74 人认为"比较融洽"，占 2020 级样本的 42.05%，12 人认为"一般"，占 2020 级样本的 6.82%，2 人认为"比较紧张"，占 2020 级样本的 1.13%。2019 级样本中 21 人认为"非常融洽"，占 2019 级样本的 25.93%，38 人认为"比较融洽"，占 2019 级样本的 46.91%，21 人认为"一般"，占 2019 级样本的 25.93%，1 人认为"比较紧张"，占 2019 级样本的 1.23%。2018 级样本中 14 人认为"非常融洽"，占 2018 级样本的 24.14%，23 人认为"比较融洽"，占 2018 级样本的 39.66%，19 人认为"一般"，占 2018 级样本的 32.76%，2 人认为"比较紧张"，占 2018 级样本的 3.44%。2017 级样本中 10 人认为"非常融洽"，占 2017 级样本的 52.63%，9 人认为"比较融洽"，占 2017 级样本的 47.37%。其他年级样本中 1 人认为"非常融洽"，占其他年级样本的 50.00%，1 人认为

"比较融洽",占其他年级样本的 50.00%。总体来看,2017 级样本、其他年级样本认为师生关系融洽的比例均为 100.00%,为最高;2020 级样本认为师生关系融洽的比例为 92.05%,2019 级样本认为师生关系融洽的比例为 72.84%,2018 级样本认为师生关系融洽的比例仅为 63.80%,为最低。

三 、老师对违反课堂纪律学生的态度

当问及"某个同学违反了课堂纪律,您的老师通常的做法是什么?"时,总样本中 30 人选择"置之不理",占总样本的 8.93%,187 人选择"耐心劝导",占总样本的 55.65%,106 人选择"批评教育",占总样本的 31.55%,13 人选择"对其进行处罚",占总样本的 3.87%。总体来看,半数以上样本其老师会耐心劝导违反课堂纪律的学生,约 1/3 的样本老师会对违反课堂教育的学生进行批评教育。

不同性别中,男性样本中 16 人选择"置之不理",占男性样本的 13.22%,64 人选择"耐心劝导",占男性样本的 52.89%,37 人选择"批评教育",占男性样本的 30.58%,4 人选择"对其进行处罚",占男性样本的 3.31%。女性样本中 14 人选择"置之不理",占女性样本的 6.51%,123 人选择"耐心劝导",占女性样本的 57.21%,69 人选择"批评教育",占女性样本的 32.09%,9 人选择"对其进行处罚",占女性样本的 4.19%。总体来看,女性样本其老师对违反课堂纪律学生进行"耐心劝导"的比例高出男性样本 4.32 个百分点,女性样本其老师对违反课堂纪律学生进行"批评教育"的比例高出男性样本 1.51 个百分点。

不同学生层次中,博士研究生样本 2 人选择"置之不理",占博士研究生样本的 18.18%,8 人选择"耐心劝导",占博士研究生样本的 72.73%,1 人选择"批评教育",占博士研究生样本的 9.09%。硕士研究生样本 10 人选择"置之不理",占硕士研究生样本的 10.20%,60 人选

择"耐心劝导"，占硕士研究生样本的 61.22%，27 人选择"批评教育"，占硕士研究生样本的 27.55%，1 人选择"对其进行处罚"，占硕士研究生样本的 1.03%。本科生样本中 18 人选择"置之不理"，占本科生样本的 7.93%，119 人选择"耐心劝导"，占本科生样本的 52.42%，78 人选择"批评教育"，占本科生样本的 34.36%，12 人选择"对其进行处罚"，占本科生样本的 5.29%。总体来看，博士研究生样本其老师对违反课堂纪律学生进行"耐心劝导"的比例最高，本科生样本比例最低；本科生样本其老师对违反课堂纪律学生进行"批评教育"的比例最高，博士研究生样本比例最低。如图 3-19 所示。

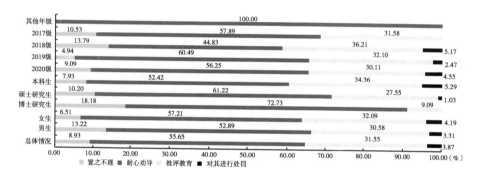

图 3-19　老师对违反课堂纪律学生的态度

不同年级中，2020 级样本中 16 人选择"置之不理"，占 2020 级样本的 9.09%，99 人选择"耐心劝导"，占 2020 级样本的 56.25%，53 人选择"批评教育"，占 2020 级样本的 30.11%，8 人选择"对其进行处罚"，占 2020 级样本的 4.55%。2019 级样本中 4 人选择"置之不理"，占 2019 级样本的 4.94%，49 人选择"耐心劝导"，占 2019 级样本的 60.49%，26 人选择"批评教育"，占 2019 级样本的 32.10%，2 人选择"对其进行处罚"，占 2019 级样本的 2.47%。2018 级样本 8 人选择"置之不理"，占 2018 级样本的 13.79%，26 人选择"耐心劝导"，占 2018 级样本的 44.83%，21 人选择"批评教育"，占 2018 级样本的 36.21%，3 人选择"对其进行处罚"，占 2018 级样本的 5.17%。2017 级样本中 2 人选择"置之不理",占 2017 级样本的 10.53%,11 人选择"耐心劝导",占 2017 级样本的 57.89%,6 人选择"批评教育",占 2017 级样本的 31.58%。其他年级样本中 2 人选择"耐心劝导",占其他年级样本的 100.00%。总体来看,除其他年级样本,2019 级样本其老师对违反课堂纪律学生进行"耐心劝导"的比例最高,2018 级样本比例最低;2018 级样本其老师对违反课堂纪律学生进行"批评教育"的比例最高,2020 级样本比例最低。

第七节　理想信念

一、拥有坚定的理想信念

当问及"您是否有坚定的理想信念?"时,总样本中 252 人选择"有",占总样本的 75.00%,34 人选择"没有",占总样本的 10.12%,50 人选择"不确定",占总样本的 14.88%。总体来看,3/4 的人拥有坚定的理想信念。如图 3-20 所示。

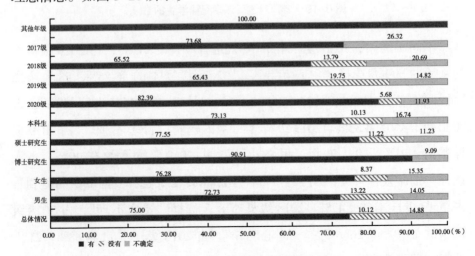

图 3-20　是否拥有坚定的理想信念

不同性别中，男性样本中 88 人选择"有"，占男性样本的 72.73%，16 人选择"没有"，占男性样本的 13.22%，17 人选择"不确定"，占男性样本的 14.05%。女性样本中 164 人选择"有"，占女性样本的 76.28%，18 人选择"没有"，占女性样本的 8.37%，33 人选择"不确定"，占女性样本的 15.35%。总体来看，女性样本拥有坚定理想信念的比例高出男性样本 3.55 个百分点。

不同学生层次中，博士研究生样本中 10 人选择"有"，占博士研究生样本的 90.91%，1 人选择"没有"，占博士研究生样本的 9.09%。硕士研究生样本中 76 人选择"有"，占硕士研究生样本的 77.55%，11 人选择"没有"，占硕士研究生样本的 11.22%，11 人选择"不确定"，占硕士研究生样本的 11.23%。本科生样本中 166 人选择"有"，占本科生样本的 73.13%，23 人选择"没有"，占本科生样本的 10.13%，38 人选择"不确定"，占本科生样本的 16.74%。总体来看，博士研究生样本拥有坚定理想信念的比例最高，本科生样本比例最低。

不同年级中，2020 级样本中 145 人选择"有"，占 2020 级样本的 82.39%，10 人选择"没有"，占 2020 级样本的 5.68%，21 人选择"不确定"，占 2020 级样本的 11.93%。2019 级样本中 53 人选择"有"，占 2019 级样本的 65.43%，16 人选择"没有"，占 2019 级样本的 19.75%，12 人选择"不确定"，占 2019 级样本的 14.82%。2018 级样本中 38 人选择"有"，占 2018 级样本的 65.52%，8 人选择"没有"，占 2018 级样本的 13.79%，12 人选择"不确定"，占 2018 级样本的 20.69%。2017 级样本中 14 人选择"有"，占 2017 级样本的 73.68%，5 人选择"不确定"，占 2017 级样本的 26.32%。其他年级样本中 2 人选择"有"，占其他年级总样本的 100.00%。总体来看，除去其他年级样本，2020 级样本拥有坚定理想信念的比例最高，2019 级样本比例最低。

二、拥有明确的人生目标

当问及"您是否有明确的人生目标？"时，总样本中 263 人选择"是"，占总样本的 78.27%，73 人选择"否"，占总样本的 21.73%。总体来看，3/4 以上的样本拥有明确的人生目标，仍有约两成的样本没有明确的人生目标。如图 3-21 所示。

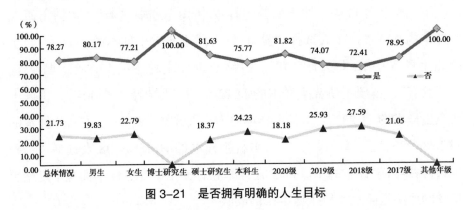

图 3-21 是否拥有明确的人生目标

不同性别中，男性样本中 97 人选择"是"，占男性样本的 80.17%，24 人选择"否"，占男性样本的 19.83%。女性样本中 166 人选择"是"，占女性样本的 77.21%，49 人选择"否"，占女性样本的 22.79%。总体来看，男性样本拥有明确人生目标的比例高出女性样本 2.96 个百分点。

不同学生层次中，博士研究生样本中 11 人选择"是"，占博士研究生总样本的 100.00%。硕士研究生样本中 80 人选择"是"，占硕士研究生样本的 81.63%，18 人选择"否"，占硕士研究生样本的 18.37%。本科生样本中 172 人选择"是"，占本科生样本的 75.77%，55 人选择"否"，占本科生样本的 24.23%。总体来看，博士研究生样本拥有明确人生目标的比例最高，本科生样本的比例最低。

不同年级中，2020 级样本中 144 人选择"是"，占 2020 级样本的 81.82%，32 人选择"否"，占 2020 级样本的 18.18%。2019 级样本中 60

人选择"是"，占 2019 级样本的 74.07%，21 人选择"否"，占 2019 级样本的 25.93%。2018 级样本中 42 人选择"是"，占 2018 级样本的 72.41%，16 人选择"否"，占 2018 级样本的 27.59%。2017 级样本中 15 人选择"是"，占 2017 级样本的 78.95%，4 人选择"否"，占 2017 级样本的 21.05%。其他年级样本中 2 人选择"是"，占其他年级样本的 100.00%。总体来看，除其他年级样本，2020 级样本拥有明确人生目标的比重最高。

三、相信自己会成功

当问及"你相信自己会成功实现自己的理想吗？"时，总样本中 196 人选择"我相信我会成功，因为我有信念的支撑"，占总样本的 58.83%，22 人选择"我相信我不会成功，因为我觉得我的成功与信念无关"，占总样本的 6.55%，118 人选择"我还不知道，因为理想与现实相差太远，信念有时很空洞"，占总样本的 35.12%。总体来看，半数以上的样本相信自己会成功，仍有 1/3 以上的样本处于迷茫状态，不知道自己是否能成功。如图 3-22 所示。

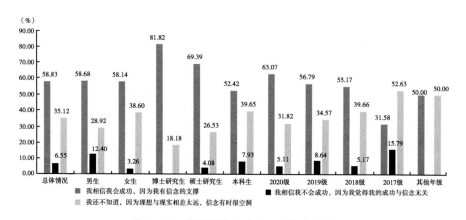

图 3-22　是否相信会成功实现自身理想

不同性别中，男性样本中 71 人选择"我相信我会成功，因为我有信念的支撑"，占男性样本的 58.68%，15 人选择"我相信我不会成功，因为我觉得我的成功与信念无关",占男性样本的 12.40%，35 人选择"我还不知道，因为理想与现实相差太远，信念有时很空洞"，占男性样本 28.92%。女性样本中 125 人选择"我相信我会成功，因为我有信念的支撑"，占女性样本的 58.14%，7 人选择"我相信我不会成功，因为我觉得我的成功与信念无关"，占女性样本的 3.26%，83 人选择"我还不知道，因为理想与现实相差太远，信念有时很空洞"，占女性样本的 38.60%。总体来看，男性样本和女性样本"相信自己会成功"的比例基本持平。

不同学生层次中，博士研究生样本中 9 人选择"我相信我会成功，因为我有信念的支撑"，占博士研究生样本的 81.82%，2 人选择"我还不知道，因为理想与现实相差太远，信念有时很空洞"，占博士研究生样本的 18.18%。硕士研究生样本中 68 人选择"我相信我会成功，因为我有信念的支撑"，占硕士研究生样本的 69.39%，4 人选择"我相信我不会成功，因为我觉得我的成功与信念无关"，占硕士研究生样本的 4.08%，26 人选择"我还不知道，因为理想与现实相差太远，信念有时很空洞"，占硕士研究生样本的 26.53%。本科生样本中 119 人选择"我相信我会成功，因为我有信念的支撑"，占本科生样本的 52.42%，18 人选择"我相信我不会成功，因为我觉得我的成功与信念无关"，占本科生样本的 7.93%，90 人选择"我还不知道，因为理想与现实相差太远，信念有时很空洞"，占本科生样本的 39.65%。总体来看，博士研究生样本相信自己能成功的比例最高，本科生样本的比例最低。

不同年级中，2020 级样本中 111 人选择"我相信我会成功，因为我有信念的支撑"，占 2020 级样本的 63.07%，9 人选择"我相信我不会成功，因为我觉得我的成功与信念无关"，占 2020 级样本的 5.11%，56 人选择"我还不知道，因为理想与现实相差太远，信念有时很空洞"，占 2020 级样本的 31.82%。2019 级样本中 46 人选择"我相信我会成功，因为我有信念的支撑"，占 2019 级样本的 56.79%，7 人选择"我相信我不会成功，因为我觉得我的成功与信念无关"，占 2019 级样本的 8.64%，28 人选择"我还不知道，因为理想与现实相差太远，信念有时很空洞"，占 2019 级样本的 34.57%。2018 级样本中 32 人选择"我相信我会成功，因为我有信念的支撑"，占 2018 级样本的 55.17%，3 人选择"我相信我不会成功，因为我觉得我的成功与信念无关"，占 2018 级样本的 5.17%，23 人选择"我还不知道，因为理想与现实相差太远，信念有时很空洞"，占 2018 级样本的 39.66%。2017 级样本中 6 人选择"我相信我会成功，因为我有信念的支撑"，占 2017 级样本的 31.58%，3 人选择"我相信我不会成功，因为我觉得我的成功与信念无关"，占 2017 级样本的 15.79%，10 人选择"我还不知道，因为理想与现实相差太远，信念有时很空洞"，占 2017 级样本的 52.63%。其他年级样本中 1 人选择"我相信我会成功，因为我有信念的支撑"，占其他年级样本的 50.00%，1 人选择"我还不知道，因为理想与现实相去甚远，信念有时很空洞"，占其他年级样本的 50.00%。总体来看，2020 级样本"相信自己会成功"的比例最高，2017 级样本的比例最低。

四、解决挫折坎坷的方式

当问及"在过去的人生旅途中遇到挫折和坎坷时，您是怎样解决的？"时，总样本中 138 人选择"向长辈或同龄人求助"，占总样本的 41.07%，192 人选择"自己勇敢面对，直到问题解决"，占总样本的 57.14%，6 人选择"任其发展，一蹶不振"，占总样本的 1.79%。总体来看，98.21% 的样本选择求助或自我面对的方式来解决困难。如图 3-23 所示。

不同性别中，男性总样本中 47 人选择"向长辈或同龄人求助"，占男性样本的 38.84%，71 人选择"自己勇敢面对，直到问题解决"，占男性样本的 58.68%，3 人选择"任其发展，一蹶不振"，占男性样本的

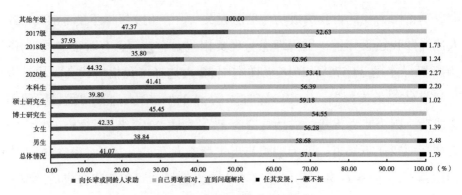

图 3-23　解决挫折坎坷的方式

2.48%。女性样本中 91 人选择"向长辈或同龄人求助",占女性样本的 42.33%,121 人选择"自己勇敢面对,直到问题解决",占女性样本的 56.28%,3 人选择"任其发展,一蹶不振",占女性样本的 1.39%。总体来看,女性样本选择通过求助来解决坎坷挫折的比例高出男性样本 3.49 个百分点,选择直面坎坷挫折的比例低于男性样本 2.40 个百分点。

不同学生层次中,博士研究生样本中 5 人选择"向长辈或同龄人求助",占博士研究生样本的 45.45%,6 人选择"自己勇敢面对,直到问题解决",占博士研究生样本的 54.55%。硕士研究生样本中 39 人选择"向长辈或同龄人求助",占硕士研究生样本的 39.80%,58 人选择"自己勇敢面对,直到问题解决",占硕士研究生样本的 59.18%,1 人选择"任其发展,一蹶不振",占硕士研究生样本的 1.02%。本科生样本中 94 人选择"向长辈或同龄人求助",占本科生样本的 41.41%,128 人选择"自己勇敢面对,直到问题解决",占本科生样本的 56.39%,5 人选择"任其发展,一蹶不振",占本科生样本的 2.20%。总体来看,博士研究生样本选择通过求助来解决坎坷挫折的比例最高,本科生样本的比例最低;硕士研究生样本选择直面坎坷挫折的比例最高,博士研究生样本的比例最低。

不同年级中,2020 级样本中 78 人选择"向长辈或同龄人求助",占

2020 级样本的 44.32%，94 人选择"自己勇敢面对，直到问题解决"，占 2020 级样本的 53.41%，4 人选择"任其发展，一蹶不振"，占 2020 级样本的 2.27%。2019 级样本中 29 人选择"向长辈或同龄人求助"，占 2019 级样本的 35.80%，51 人选择"自己勇敢面对，直到问题解决"，占 2019 级样本的 62.96%，1 人选择"任其发展，一蹶不振"，占 2019 级样本的 1.24%。2018 级样本中 22 人选择"向长辈或同龄人求助"，占 2018 级样本的 37.93%，35 人选择"自己勇敢面对，直到问题解决"，占 2018 级样本的 60.34%，1 人选择"任其发展，一蹶不振"，占 2018 级样本的 1.73%。2017 级样本中 9 人选择"向长辈或同龄人求助"，占 2017 级样本的 47.37%，10 人选择"自己勇敢面对，直到问题解决"，占 2017 级样本的 52.63%。其他年级样本中 2 人选择"自己勇敢面对，直到问题解决"，占其他年级样本的 100.00%。总体来看，除去其他年级样本，2017 级样本选择通过求助来解决坎坷挫折的比例最高，2019 级样本的比例最低；2019 级样本选择直面坎坷挫折的比例最高，2017 级样本的 比例最低。

五、实现理想的关键

当问及"你认为实现自己的理想现在最重要的是？"时，总样本中 241 人选择"认真学习，做好知识储备"，占总样本的 71.73%，95 人选择"多参加学生工作及社会实践活动，提高自己的社会实践能力"，占总样本的 28.27%。总体来看，70% 以上样本认为实现理想的关键，相对实践能力，知识储备更重要。如图 3-24 所示。

不同性别中，男性样本中 82 人选择"认真学习，做好知识储备"，占男性样本的 67.77%，39 人选择"多参加学生工作及社会实践活动，提高自己的社会实践能力"，占男性样本的 32.23%。女性样本中 159 人选择"认真学习，做好知识储备"，占女性样本的 73.95%，56 人选择"多参加学生工作及社会实践活动，提高自己的社会实践能力"，占女性样本

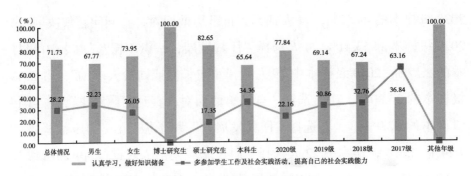

图 3-24　实现理想的关键

的 26.05%。总体来看，女性样本认为"知识储备是实现理想的关键"的比例高出男性样本 6.18 个百分点，女性样本认为"实践能力是实现理想的关键"的比例低于男性样本 6.18 个百分点。

不同学生层次中，博士研究生样本中 11 人选择"认真学习，做好知识储备"，占博士研究生样本的 100.00%。硕士研究生样本中 81 人选择"认真学习，做好知识储备"，占硕士研究生样本的 82.65%，17 人选择"多参加学生工作及社会实践活动，提高自己的社会实践能力"，占硕士研究生样本的 17.35%。本科生样本中 149 人选择"认真学习，做好知识储备"，占本科生样本的 65.64%，78 人选择"多参加学生工作及社会实践活动，提高自己的社会实践能力"，占本科生样本的 34.36%。总体来看，博士研究生样本认为"知识储备是实现理想的关键"的比例最高，本科生样本的比例最低；本科生样本认为"实践能力是实现理想的关键"的比例最高。

不同年级中，2020 级样本中 137 人选择"认真学习，做好知识储备"，占 2020 级样本的 77.84%，39 人选择"多参加学生工作及社会实践活动，提高自己的社会实践能力"，占 2020 级样本的 22.16%。2019 级样本中 56 人选择"认真学习，做好知识储备"，占 2019 级样本的 69.14%，25 人选择"多参加学生工作及社会实践活动，提高自己的社会实践能力"，占 2019 级样本的 30.86%。2018 级样本中 39 人选择"认真学习，做好知识储备"，占 2018 级样本的 67.24%，19 人选择"多参加学生工作及社会实践活动，提高自己的社会实践能力"，占 2018 级样本的 32.76%。2017 级样本中 7 人选择"认真学习，做好知识储备"，占 2017 级样本的 36.84%，12 人选择"多参加学生工作及社会实践活动，提高自己的社会实践能力"，占 2017 级样本的 63.16%。其他年级样本中 2 人选择"认真学习，做好知识储备"，占其他年级样本的 100.00%。总体来看，除去其他年级样本，2020 级样本认为"知识储备是实现理想的关键"的比例最高，2017 级样本的比例最低；2017 级样本认为"实践能力是实现理想的关键"比例最高，2020 级样本的比例最低。

六、如何实现理想

当问及"为了实现你的理想，你希望今后的生活状态是？"时，总样本中 305 人选择"一步一个脚印实现自己最终的理想"，占总样本的 90.77%，31 人选择"几乎不去想，只是应对现在的生活"，占总样本的 9.23%。总体来看，绝大部分样本为实现理想会选择一步一脚印的努力，但仍有少部分样本只为应对当前生活。如图 3-25 所示。

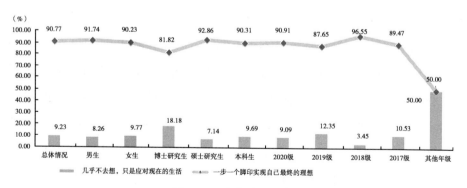

图 3-25 如何实现理想

不同性别中，男性样本中 111 人选择"一步一个脚印实现自己最终的理想"，占男性样本的 91.74%，10 人选择"几乎不去想，只是应对现在的生活",占男性样本的8.26%。女性样本中194人选择"一步一个脚印实现自己最终的理想",占女性样本的90.23%,21人选择"几乎不去想,只是应对现在的生活",占女性样本的9.77%。总体来看,男性样本"为实现理想会选择一步一脚印的努力"的比例高出女性样本1.51个百分点。

不同学生层次中,博士研究生样本中9人选择"一步一个脚印实现自己最终的理想",占博士研究生样本的81.82%,2人选择"几乎不去想,只是应对现在的生活",占博士研究生样本的18.18%。硕士研究生样本中91人选择"一步一个脚印实现自己最终的理想",占硕士研究生样本的92.86%,7人选择"几乎不去想,只是应对现在的生活",占硕士研究生样本的7.14%。本科生样本中205人选择"一步一个脚印实现自己最终的理想",占本科生样本的90.31%,22人选择"几乎不去想,只是应对现在的生活",占本科生样本的9.69%。总体来看,硕士研究生样本"为实现理想会选择一步一脚印的努力"的比例最高,博士研究生样本"为实现理想会选择一步一脚印的努力"的比例最低。

不同年级中,2020级样本中160人选择"一步一个脚印实现自己最终的理想",占2020级样本的90.91%,16人选择"几乎不去想,只是应对现在的生活",占2020级样本的9.09%。2019级样本中71人选择"一步一个脚印实现自己最终的理想",占2019级样本的87.65%,10人选择"几乎不去想,只是应对现在的生活",占2019级样本的12.35%。2018级样本中56人选择"一步一个脚印实现自己最终的理想",占2018级样本的96.55%,2人选择"几乎不去想,只是应对现在的生活",占2018级样本的3.45%。2017级样本中17人选择"一步一个脚印实现自己最终的理想",占2017级样本的89.47%,2人选择"几乎不去想,只是应对现在的生活",占2017级样本的10.53%。其他年级样本中1人选择"一步一个脚印实现自己最终的理想",占其他年级样本的50.00%,1人选择"几乎不去想,只是应对现在的生活"，占其他年级样本的 50.00%。总体来看，除去其他年级样本，2018 级样本"为实现理想会选择一步一脚印的努力"的比例最高，2019 级样本"为实现理想会选择一步一脚印的努力"的比例最低。

第八节　集体荣誉感

一、集体利益

当问及"当面对班级团体任务时，您会怎么做？"时，总样本中 226 人选择"积极参加"，占总样本的 67.26%，12 人选择"不管"，占总样本的 3.57%，98 人选择"视情况而定"，占总样本的 29.17%。总体而言，大部分样本会积极参加班级团体任务，一部分样本会根据情况来决定是否参加班级团体任务，小部分样本拒绝参加班级团体任务。如图 3-26 所示。

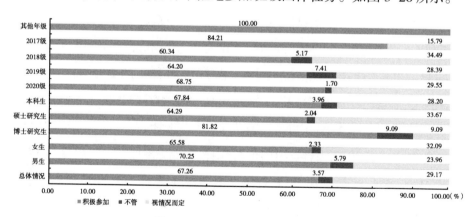

图 3-26　如何对待班级团体任务

不同性别中，男性样本中 85 人选择"积极参加"，占男性样本的 70.25%，7 人选择"不管"，占男性样本的 5.79%，29 人选择"视情况而定"，占男性样本的 23.96%。女性样本中 141 人选择"积极参加"，占女性样本的 65.58%，5 人选择"不管"，占女性样本的 2.33%，69 人选择

"视情况而定"，占女性样本的 32.09%。总体而言，男性样本积极参加班级团体任务的比例高出女性样本 4.67 个百分点。

不同学生层次中，博士研究生样本中 9 人选择"积极参加"，占博士研究生样本的 81.82%，1 人选择"不管"，占博士研究生样本的 9.09%，1 人选择"视情况而定"，占博士研究生样本的 9.09%。硕士研究生样本中 63 人选择"积极参加"，占硕士研究生样本的 64.29%，2 人选择"不管"，占硕士研究生样本的 2.04%，33 人选择"视情况而定"，占硕士研究生样本的 33.67%。本科生样本中 154 人选择"积极参加"，占本科生样本的 67.84%，9 人选择"不管"，占本科生样本的 3.96%，64 人选择"视情况而定"，占本科生样本的 28.20%。总体来看，博士研究生样本积极参加班级团体任务的比重最高，硕士研究生样本积极参加班级团体任务的比重最低。

不同年级中，2020 级样本中 121 人选择"积极参加"，占 2020 级样本的 68.75%，3 人选择"不管"，占 2020 级样本的 1.70%，52 人选择"视情况而定"，占 2020 级样本的 29.55%。2019 级样本中 52 人选择"积极参加"，占 2019 级样本的 64.20%，6 人选择"不管"，占 2019 级样本的 7.41%，23 人选择"视情况而定"，占 2019 级样本的 28.39%。2018 级样本中 35 人选择"积极参加"，占 2018 级样本的 60.34%，3 人选择"不管"，占 2018 级样本的 5.17%，20 人选择"视情况而定"，占 2018 级样本的 34.49%。2017 级样本中 16 人选择"积极参加"，占 2017 级样本的 84.21%，3 人选择"视情况而定"，占 2017 级样本的 15.79%。其他年级样本中 2 人选择"积极参加"，占其他年级样本的 100.00%。总体来看，除去其他年级样本，2017 级样本积极参加班级团体任务的比重最高，2018 级样本积极参加班级团体任务的比重最低。

二、协调个人利益与集体利益

当问及"当个人利益与班级集体利益产生矛盾时，您会怎么做？"时，总样本中 220 人选择"以班级集体利益为主"，占总样本的 65.48%，17 人选择"以个人利益为主"，占总样本的 5.06%，99 人选择"看情况"，占总样本的 29.46%。总体来看，半数以上样本会以集体利益为主，一部分样本会根据情况做选择，少部分样本坚持以个人利益为主。如图 3-27 所示。

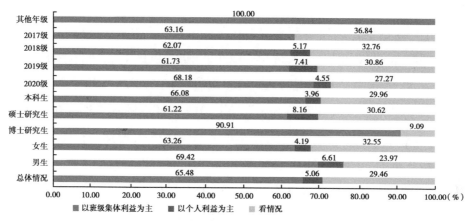

图 3-27　如何协调个人利益与集体利益

不同性别中，男性样本中 84 人选择"以班级集体利益为主"，占男性样本的 69.42%，8 人选择"以个人利益为主"，占男性样本的 6.61%，29 人选择"看情况"，占男性样本的 23.97%。女性样本中 136 人选择"以班级集体利益为主"，占女性样本的 63.26%，9 人选择"以个人利益为主"，占女性样本的 4.19%，70 人选择"看情况"，占女性样本的 32.55%。总体来看，男性样本选择以班级集体利益为主的比例高出女性样本 6.16 个百分点。

不同学生层次中，博士研究生样本中 10 人选择"以班级集体利益为主"，占博士研究生样本的 90.91%，1 人选择"看情况"，占博士研究生样本的 9.09%。硕士研究生样本中 60 人选择"以班级集体利益为主"，占硕士研究生样本的 61.22%，8 人选择"以个人利益为主"，占硕士研究生样本的 8.16%，30 人选择"看情况"，占硕士研究生样本的 30.62%。本科生样本中 150 人选择"以班级集体利益为主"，占本科生样本的 66.08%，9 人选择"以个人利益为主"，占本科生样本的 3.96%，68 人选择"看情况"，占本科生样本的 29.96%。总体来看，博士研究生样本选择以班级集体利益为主的比例最高，硕士研究生样本选择以班级集体利益为主的比例最低。

不同年级中，2020 级样本中 120 人选择"以班级集体利益为主"，占 2020 级样本的 68.18%，8 人选择"以个人利益为主"，占 2020 级样本的 4.55%，48 人选择"看情况"，占 2020 级样本的 27.27%。2019 级样本中 50 人选择"以班级集体利益为主"，占 2019 级样本的 61.73%，6 人选择"以个人利益为主"，占 2019 级样本的 7.41%，25 人选择"看情况"，占 2019 级样本的 30.86%。2018 级样本中 36 人选择"以班级集体利益为主"，占 2018 级样本的 62.07%，3 人选择"以个人利益为主"，占 2018 级样本的 5.17%，19 人选择"看情况"，占 2018 级样本的 32.76%。2017 级样本中 12 人选择"以班级集体利益为主"，占 2017 级样本的 63.16%，7 人选择"看情况"，占 2017 级样本的 36.84%。其他年级样本中 2 人选择"以班级集体利益为主"，占其他年级样本的 100.00%。总体来看，除去其他年级样本，2020 级样本选择以班级集体利益为主的比例最高，2019 级样本选择以班级集体利益为主的比例最低。

三、个人与班集体的关系

在问及"您觉得是个人依附班级集体，班级集体推动个人吗？"时，总样本中 273 人表示"同意"，占总样本的 81.25%，53 人表示"不同意"，占总样本的 15.77%，10 人表示"很不同意"，占总样本的 2.98%。总体来看，超过 80.00% 的样本认可"个人依附班集体，班集体推动个人"这一个观点。如图 3-28 所示。

不同性别中，男性样本中 96 人表示"同意"，占男性样本的 79.34%，

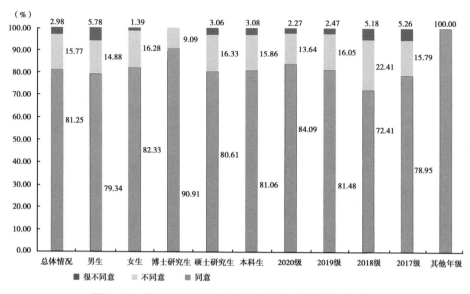

图 3-28　是否认可"个人依附班集体，班集体推动个人"

18 人表示"不同意"，占男性样本的 14.88%，7 人表示"很不同意"，占男性样本的 5.78%。女性样本中 177 人表示"同意"，占女性样本的 82.33%，35 人表示"不同意"，占女性样本的 16.28%，3 人表示"很不同意"，占女性样本的 1.39%。总体来看，女性样本认可"个人依附班集体，班集体推动个人"这一个观点的比例高出男性样本 2.99 个百分点。

不同学生层次中，博士研究生样本中 10 人表示"同意"，占博士研究生样本的 90.91%，1 人表示"不同意"，占博士研究生样本的 9.09%。硕士研究生样本中 79 人表示"同意"，占硕士研究生样本的 80.61%，16 人表示"不同意"，占硕士研究生样本的 16.33%，3 人表示"很不同意"，占硕士研究生样本的 3.06%。本科生样本中 184 人表示"同意"，占本科生样本的 81.06%，36 人表示"不同意"，占本科生样本的 15.86%，7 人表示"很不同意"，占本科生样本的 3.08%。总体来看，博士研究生样本认可"个人依附班集体，班集体推动个人"这一个观点的比例最高，硕士研究生样本认可"个人依附班集体，班集体推动个人"这一个观点的比例最低。

不同年级中，2020 级总样本中 148 人表示"同意"，占 2020 级样本的 84.09%，24 人表示"不同意"，占 2020 级样本的 13.64%，4 人表示"很不同意"，占 2020 级样本的 2.27%。2019 级样本中 66 人表示"同意"，占 2019 级样本的 81.48%，13 人表示"不同意"，占 2019 级样本的 16.05%，2 人表示"很不同意"，占 2019 级样本的 2.47%。2018 级样本中 42 人表示"同意"，占 2018 级样本的 72.41%，13 人表示"不同意"，占 2018 级样本的 22.41%，3 人表示"很不同意"，占 2018 级样本的 5.18%。2017 级样本中 15 人表示"同意"，占 2017 级样本的 78.95%，3 人表示"不同意"，占 2017 级样本的 15.79%，1 人表示"很不同意"，占 2017 级样本的 5.26%。其他年级样本中 2 人表示"同意"，占其他年级样本的 100.00%。总体来看，除去其他年级样本，2020 级样本认可"个人依附班集体，班集体推动个人"这一个观点的比例最高，2018 级样本认可"个人依附班集体，班集体推动个人"这一个观点的比例最低。

四、为集体利益牺牲个人利益

当问及"你愿意为班级集体利益牺牲个人利益吗？"时，总样本中 186 人表示"愿意"，占总样本的 55.36%，27 人表示"不愿意"，占总样本的 8.04%，123 人表示"看情况"，占总样本的 36.60%。总体来看，超过 50.00% 的样本愿意为班级集体利益牺牲个人利益，超过 30.00% 的样本视情况选择是否要为班级利益牺牲个人利益。如图 3-29 所示。

不同性别中，男性样本中 74 人表示"愿意"，占男性样本的 61.16%，14 人表示"不愿意"，占男性样本的 11.57%，33 人表示"看情况"，占男性样本的 27.27%。女性样本中 112 人表示"愿意"，占女性样本的 52.09%，13 人表示"不愿意"，占女性样本的 6.05%，90 人表示"看情况"，占女性样本的 41.86%。总体来看，男性样本愿意为班级集体牺牲个人利益的比例，高出女性样本 9.07 个百分点。

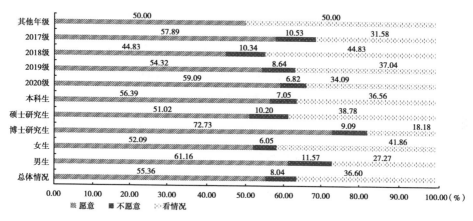

图 3-29　是否愿意为班级集体利益牺牲个人利益

不同学生层次中，博士研究生样本中 8 人表示"愿意"，占博士研究生样本的 72.73%，1 人表示"不愿意"，占博士研究生样本的 9.09%，2 人表示"看情况"，占博士研究生样本的 18.18%。硕士研究生样本中 50 人表示"愿意"，占硕士研究生样本的 51.02%，10 人表示"不愿意"，占硕士研究生样本的 10.20%，38 人表示"看情况"，占硕士研究生样本的 38.78%。本科生样本中 128 人表示"愿意"，占本科生样本的 56.39%，16 人表示"不愿意"，占本科生样本的 7.05%，83 人表示"看情况"，占本科生样本的 36.56%。总体来看，博士研究生样本愿意为班级集体利益牺牲个人利益的比重最高，硕士研究生样本愿意为班级集体利益牺牲个人利益的比重最低。

不同年级中，2020 级样本中 104 人表示"愿意"，占 2020 级样本的 59.09%，12 人表示"不愿意"，占 2020 级样本的 6.82%，60 人表示"看情况"，占 2020 级样本的 34.09%。2019 级样本中 44 人表示"愿意"，占 2019 级样本的 54.32%，7 人表示"不愿意"，占总 2019 级样本的 8.64%，30 人表示"看情况"，占 2019 级样本的 37.04%。2018 级样本中 26 人表示"愿意"，占 2018 级样本的 44.83%，6 人表示"不愿意"，占 2018 级样本的 10.34%，26 人表示"看情况"，占 2018 级样本的 44.83%。2017

级样本中 11 人表示"愿意",占 2017 级样本的 57.89%,2 人表示"不愿意",占 2017 级样本的 10.53%,6 人表示"看情况",占 2017 级样本的 31.58%。其他年级样本中 1 人表示"愿意",占其他年级样本的 50.00%,1 人表示"看情况",占其他年级样本的 50.00%。总体来看,2020 级样本愿意为班级集体利益牺牲个人利益的比重最高,2018 级样本愿意为班级集体利益牺牲个人利益的比重最低。

五、对班级集体 / 个人活动的偏好

当问及"你喜欢班级集体活动还是个人活动?"时,总样本中 175 人表示更喜欢"班级集体活动",占总样本的 52.08%,49 人表示更喜欢"个人活动",占总样本的 14.58%,112 人表示"看情况",占总样本的 33.34%。总体来看,半数以上样本偏好班级集体活动,约 1/3 的样本会根据情况选择参加班级集体活动还是自行活动。如图 3-30 所示。

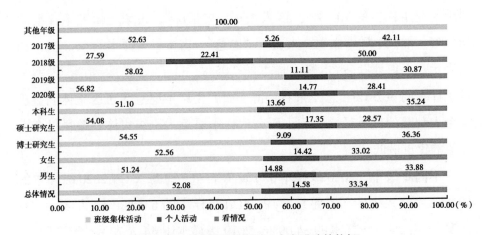

图 3-30 对班级集体活动 / 个人活动的偏好

不同性别中,男性样本中 62 人表示更喜欢"班级集体活动",占男性样本的 51.24%,18 人表示更喜欢"个人活动",占男性样本的 14.88%,41 人表示"看情况",占男性样本的 33.88%。女性样本中 113 人表示更喜

欢"班级集体活动"，占女性样本的 52.56%，31 人表示更喜欢"个人活动"，占女性样本的 14.42%，71 人表示"看情况"，占女性样本的 33.02%。总体来看，女性样本偏好班级集体活动的比例略高于男性样本。

不同学生层次中，博士研究生样本中 6 人表示更喜欢"班级集体活动"，占博士研究生样本的 54.55%，1 人表示更喜欢"个人活动"，占博士研究生样本的 9.09%，4 人表示"看情况"，占博士研究生样本的 36.36%。硕士研究生样本中 53 人表示更喜欢"班级集体活动"，占硕士研究生样本的 54.08%，17 人表示更喜欢"个人活动"，占硕士研究生样本的 17.35%，28 人表示"看情况"，占硕士研究生样本的 28.57%。本科生样本中 116 人表示更喜欢"班级集体活动"，占本科生样本的 51.10%，31 人表示更喜欢"个人活动"，占本科生样本的 13.66%，80 人表示"看情况"，占本科生样本的 35.24%。总体而言，博士研究生样本、硕士研究生样本偏好班级集体活动的比例基本持平，略高于本科生样本偏好班级集体活动的比例；硕士研究生样本偏好个人活动的比例最高，博士研究生样本偏好个人活动的比例最低。

不同年级中，2020 级样本中 100 人表示更喜欢"班级集体活动"，占 2020 级样本的 56.82%，26 人表示更喜欢"个人活动"，占 2020 级样本的 14.77%，50 人表示"看情况"，占 2020 级样本的 28.41%。2019 级样本中 47 人表示更喜欢"班级集体活动"，占 2019 级样本的 58.02%，9 人表示更喜欢"个人活动"，占 2019 级样本的 11.11%，25 人表示"看情况"，占 2019 级样本的 30.87%。2018 级样本中 16 人表示更喜欢"班级集体活动"，占 2018 级样本的 27.59%，13 人表示更喜欢"个人活动"，占 2018 级样本的 22.41%，29 人表示"看情况"，占 2018 级样本的 50.00%。2017 级样本中 10 人表示更喜欢"班级集体活动"，占 2017 级样本的 52.63%，1 人表示更喜欢"个人活动"，占 2017 级样本的 5.26%，8 人表示"看情况"，占 2017 级样本的 42.11%。其他年级样本中 2 人表示更喜欢"班级集体活动"，占其他年级样本的 100.00%。总体而言，除其他年级样本，2019 级样本偏好班级集体活动的比例最高，2018 级样本偏好班级集体活动的比例最低；2018 级样本偏好个人活动的比例最高，2017 级样本偏好个人活动的比例最低。

六、对班级事务的关心程度

当问及"在班级中您经常会为班级里的事操心吗？"时，总样本中 126 人表示"会"操心，占总样本的 37.50%，174 人表示"偶尔会"操心，占总样本的 51.79%，36 人表示"不会"操心，占总样本的 10.71%。总体来看，超八成的样本会操心班级事务，关心程度不一。如图 3-31 所示。

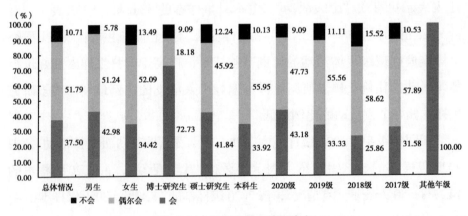

图 3-31　是否会操心班级事务

不同性别中，男性样本中 52 人表示"会"操心，占男性样本的 42.98%，62 人表示"偶尔会"操心，占男性样本的 51.24%，7 人表示"不会"操心，占男性样本的 5.78%。女性样本中 74 人表示"会"操心，占女性样本的 34.42%，112 人表示"偶尔会"操心，占女性样本的 52.09%，29 人表示"不会"操心，占女性样本的 13.49%。总体来看，男性样本"会"操心班级事务的比例高出女性样本 8.56 个百分点，女性样本"偶尔会"操心班级事务的比例略高于男性样本。

不同学生层次中，博士研究生样本中 8 人表示"会"操心，占博士研究生样本的 72.73%，2 人表示"偶尔会"操心，占博士研究生样本的 18.18%，1 人表示"不会"操心，占博士研究生样本的 9.09%。硕士研究生样本中 41 人表示"会"操心，占硕士研究生样本的 41.84%，45 人表示"偶尔会"操心，占硕士研究生样本的 45.92%，12 人表示"不会"操心，占硕士研究生样本的 12.24%。本科生样本中 77 人表示"会"操心，占本科生样本的 33.92%，127 人表示"偶尔会"操心，占本科生样本的 55.95%，23 人表示"不会"操心，占本科生样本的 10.13%。总体来看，博士研究生样本"会"操心班级事务的比例最高，本科生样本"会"操心班级事务的比例最低；本科生样本"偶尔会"操心班级事务的比例最高，博士研究生样本"偶尔会"操心班级事务的比例最低。

不同年级中，2020 级样本中 76 人表示"会"操心，占 2020 级样本的 43.18%，84 人表示"偶尔会"操心，占 2020 级样本的 47.73%，16 人表示"不会"操心，占 2020 级样本的 9.09%。2019 级样本中 27 人表示"会"操心，占 2019 级样本的 33.33%，45 人表示"偶尔会"操心，占 2019 级样本的 55.56%，9 人表示"不会"操心，占 2019 级样本的 11.11%。2018 级样本中 15 人表示"会"操心，占 2018 级样本的 25.86%，34 人表示"偶尔会"操心，占 2018 级样本的 58.62%，9 人表示"不会"操心，占 2018 级样本的 15.52%。2017 级样本中 6 人表示"会"操心，占 2017 级样本的 31.58%，11 人表示"偶尔会"操心，占 2017 级样本的 57.89%，2 人表示"不会"操心，占 2017 级样本的 10.53%。其他年级样本中 2 人表示"会"操心，占其他年级样本的 100.00%。总体来看，除去其他年级样本，2020 级样本"会"操心班级事务的比例最高，2018 级样本"会"操心班级事务的比例最低；2018 级样本"偶尔会"操心班级事务的比例最高，2020 级样本"偶尔会"操心班级事务的比例最低。

第九节　爱国主义

一、对国旗、国徽、国歌的认知

当问及"您知道国旗、国徽、国歌的诞生故事吗？"时，总样本中 231 人表示"知道"，占总样本的 68.75%，89 人表示"说不清楚"，占总样本的 26.49%，16 人表示"不知道"，占总样本的 4.76%。总体来看，半数以上样本了解国旗、国徽、国歌的诞生故事，约 1/3 的样本并不了解国旗、国徽、国歌的诞生故事。如图 3-32 所示。

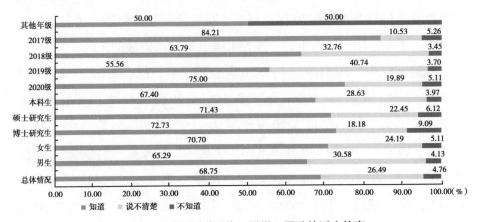

图 3-32　是否知道国旗、国徽、国歌的诞生故事

不同性别中，男性样本中 79 人表示"知道"，占男性样本的 65.29%，37 人表示"说不清楚"，占男性样本的 30.58%，5 人表示"不知道"，占男性样本的 4.13%。女性样本中 152 人表示"知道"，占女性样本的 70.70%，52 人表示"说不清楚"，占女性样本的 24.19%，11 人表示"不知道"，占女性样本的 5.11%。总体来看，女性样本知道"国旗、国徽、国歌的诞生故事"的比例高出男性样本 5.41 个百分点。

不同学生层次中，博士研究生样本中 8 人表示"知道"，占博士研究生样本的 72.73%，2 人表示"说不清楚"，占博士研究生样本的 18.18%，1 人表示"不知道"，占博士研究生样本的 9.09%。硕士研究生样本中 70 人表示"知道"，占硕士研究生样本的 71.43%，22 人表示"说不清楚"，占硕士研究生样本的 22.45%，6 人表示"不知道"，占硕士研究生样本的 6.12%。本科生样本中 153 人表示"知道"，占本科生样本的 67.40%，65 人表示"说不清楚"，占本科生样本的 28.63%，9 人表示"不知道"，占本科生样本的 3.97%。总体来看，博士研究生样本知道"国旗、国徽、国歌的诞生故事"的比例最高，本科生样本知道"国旗、国徽、国歌的诞生故事"的比例最低。

不同年级中，2020 级样本中 132 人表示"知道"，占 2020 级样本的 75.00%，35 人表示"说不清楚"，占 2020 级样本的 19.89%，9 人表示"不知道"，占 2020 级样本的 5.11%。2019 级样本中 45 人表示"知道"，占 2019 级样本的 55.56%，33 人表示"说不清楚"，占 2019 级样本的 40.74%，3 人表示"不知道"，占 2019 级样本的 3.70%。2018 级样本中 37 人表示"知道"，占 2018 级样本的 63.79%，19 人表示"说不清楚"，占 2018 级样本的 32.76%，2 人表示"不知道"，占 2018 级样本的 3.45%。2017 级样本中 16 人表示"知道"，占 2017 级样本的 84.21%，2 人表示"说不清楚"，占 2017 级样本的 10.53%，1 人表示"不知道"，占 2017 级样本的 5.26%。其他年级样本中 1 人表示"知道"，占其他年级样本的 50.00%，1 人表示"不知道"，占其他年级样本的 50.00%。总体来看，除去其他年级样本，2017 级样本知道"国旗、国徽、国歌的诞生故事"的比例最高，2019 级样本知道"国旗、国徽、国歌的诞生故事"的比例最低。

二、对爱国故事的了解程度

当问及"您知道'钱学森爱国'的故事吗？"时，总样本中 274 人表示"知道"，占总样本的 81.55%，50 人表示"说不清楚"，占总样本的 14.88%，12 人表示"不知道"，占总样本的 3.57%。总体来看，超过 80.00% 的样本了解老一辈的爱国故事。如图 3-33 所示。

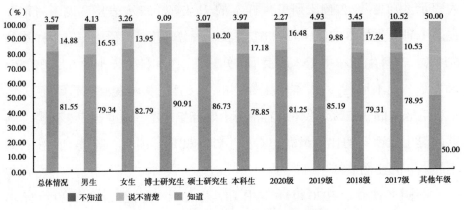

图 3-33 是否知道"钱学森爱国故事"

不同性别中，男性样本中 96 人表示"知道"，占男性样本的 79.34%，20 人表示"说不清楚"，占男性样本的 16.53%，5 人表示"不知道"，占男性样本的 4.13%。女性样本中 178 人表示"知道"，占女性样本的 82.79%，30 人表示"说不清楚"，占女性样本的 13.95%，7 人表示"不知道"，占女性样本的 3.26%。总体来看，女性样本知道"钱学森爱国故事"的比例高出男性样本 3.45 个百分点。

不同学生层次中，博士研究生样本中 10 人表示"知道"，占博士研究生样本的 90.91%，1 人表示"说不清楚"，占博士研究生样本的 9.09%。硕士研究生样本中 85 人表示"知道"，占硕士研究生样本的 86.73%，10 人表示"说不清楚"，占硕士研究生样本的 10.20%，3 人表示"不知道"，占硕士研究生样本的 3.07%。本科生样本中 179 人表示"知道"，占本科生样本的 78.85%，39 人表示"说不清楚"，占本科生样本的 17.18%，9 人表示"不知道"，占本科生样本的 3.97%。总体来看，博士研究生样本知道"钱学森爱国故事"的比例最高，本科生样本知道"钱学森爱国故事"的比例最低。

不同年级中，2020 级样本中 143 人表示"知道"，占 2020 级样本的 81.25%，29 人表示"说不清楚"，占 2020 级样本的 16.48%，4 人表示"不知道"，占 2020 级样本的 2.27%。2019 级样本中 69 人表示"知道"，占 2019 级样本的 85.19%，8 人表示"说不清楚"，占 2019 级样本的 9.88%，4 人表示"不知道"，占 2019 级样本的 4.93%。2018 级样本中 46 人表示"知道"，占 2018 级样本的 79.31%，10 人表示"说不清楚"，占 2018 级样本的 17.24%，2 人表示"不知道"，占 2018 级样本的 3.45%。2017 级样本中 15 人表示"知道"，占 2017 级样本的 78.95%，2 人表示"说不清楚"，占 2017 级样本的 10.53%，2 人表示"不知道"，占 2017 级样本的 10.52%。其他年级样本中 1 人表示"知道"，占其他年级样本的 50.00%，1 人表示"说不清楚"，占其他年级样本的 50.00%。总体来看，除去其他年级样本，2019 级样本知道"钱学森爱国故事"的比例最高，2017 级样本知道"钱学森爱国故事"的比例最低。

三、对国内外事件的关注

当问及"您是否关注过近段时间出现的与国家声誉利益相关的国际、国内事件？"时，总样本中 134 人表示"非常关注，并主动搜索新闻"，占总样本的 39.88%，194 人表示"会关注，但了解得不多"，占总样本的 57.74%，6 人表示"不关注、不了解"，占总样本的 1.79%，2 人表示"其他"，占总样本的 0.59%。总体来看，97.62% 的样本会关注国内外与国家声誉利益相关的事件。如图 3-34 所示。

不同性别中，男性样本中 56 人表示"非常关注，并主动搜索新闻"，占男性样本的 46.28%，62 人表示"会关注，但了解得不多"，占男性样本的 51.24%，2 人表示"不关注、不了解"，占男性样本的 1.65%，1 人表示"其他"，占男性样本的 0.83%。女性样本中 78 人表示"非常关注，并主动搜索新闻"，占女性样本的 36.28%，132 人表示"会关注，但了解

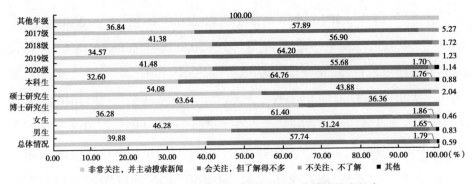

图 3-34 对国内外与国家声誉利益相关事件的关注程度

得不多",占女性样本的 61.40%，4 人表示"不关注、不了解"，占女性样本的 1.86%，1 人表示"其他"，占女性样本的 0.46%。总体来看，对于国内外与国家声誉利益相关事件，男性样本"非常关注，并主动搜索新闻"的比例高出女性样本 10.00 个百分点，"会关注，但了解得不多"的比例低于女性样本 10.16 个百分点。

不同学生层次中，博士研究生样本中 7 人表示"非常关注，并主动搜索新闻"，占博士研究生样本的 63.64%，4 人表示"会关注，但了解得不多"，占博士研究生样本的 36.36%。硕士研究生样本中 53 人表示"非常关注，并主动搜索新闻"，占硕士研究生样本的 54.08%，43 人表示"会关注，但了解得不多"，占硕士研究生样本的 43.88%，2 人表示"不关注、不了解"，占硕士研究生样本的 2.04%。本科生样本中 74 人表示"非常关注，并主动搜索新闻"，占本科生样本的 32.60%，147 人表示"会关注，但了解得不多"，占本科生样本的 64.76%，4 人表示"不关注、不了解"，占本科生样本的 1.76%，2 人表示"其他"，占本科生样本的 0.88%。总体来看，对于国内外与国家声誉利益相关事件，博士研究生样本"非常关注，并主动搜索新闻"的比例最高，本科生样本"非常关注，并主动搜索新闻"的比例最低；本科生样本"会关注，但了解得不多"的比例最高，博士研究生样本"会关注，但了解得不多"的比例最低。

不同年级中，2020 级样本中 73 人表示"非常关注，并主动搜索新闻"，占 2020 级样本的 41.48%，98 人表示"会关注，但了解得不多"，占 2020 级样本的 55.68%，3 人表示"不关注、不了解"，占 2020 级样本的 1.70%，2 人表示"其他"，占 2020 级样本的 1.14%。2019 级样本中 28 人表示"非常关注，并主动搜索新闻"，占 2019 级样本的 34.57%，52 人表示"会关注，但了解得不多"，占 2019 级样本的 64.20%，1 人表示"不关注、不了解"，占 2019 级样本的 1.23%。2018 级样本中 24 人表示"非常关注，并主动搜索新闻"，占 2018 级样本的 41.38%，33 人表示"会关注，但了解得不多"，占 2018 级样本的 56.90%，1 人表示"不关注、不了解"，占 2018 级样本的 1.72%。2017 级样本中 7 人表示"非常关注，并主动搜索新闻"，占 2017 级样本的 36.84%，11 人表示"会关注，但了解得不多"，占 2017 级样本的 57.89%，1 人表示"不关注、不了解"，占 2017 级样本的 5.27%。其他年级样本中 2 人表示"非常关注，并主动搜索新闻"，占其他年级样本的 100.00%。总体来看，除去其他年级样本，对于国内外与国家声誉利益相关事件，2020 级、2018 级样本"非常关注，并主动搜索新闻"的比例基本持平，高于 2019 级、2017 级样本，且 2019 级样本"非常关注，并主动搜索新闻"的比例最低；2019 级样本"会关注，但了解得不多"的比例最高。

四、爱国主义的表现

当问及"您认为爱国主义主要体现在？"时，总样本中 167 人认为表现在"热爱祖国文化，传承华夏文明"方面，占总样本的 49.70%，91 人认为表现在"努力学好知识，报效祖国"方面，占总样本的 27.08%，65 人认为表现在"维护国家主权与领土利益，与敌对势力作斗争"方面，占总样本的 19.35%，13 人认为表现在"其他"方面，占总样本的 3.87%。总体来看，传承华夏文明、报效祖国、维护国家主权领土利益是爱国主

义的三个主要表现。如图 3-35 所示。

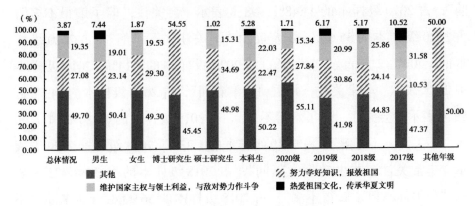

图 3-35　爱国主义的主要表现

　　不同性别中，男性样本中 61 人认为表现在"热爱祖国文化，传承华夏文明"方面，占男性样本的 50.41%，28 人认为表现在"努力学好知识，报效祖国"方面，占男性样本的 23.14%，23 人认为表现在"维护国家主权与领土利益，与敌对势力作斗争"方面，占总样本的 19.01%，9 人认为表现在"其他"方面，占男性样本的 7.44%。女性样本中 106 人认为表现在"热爱祖国文化，传承华夏文明"方面，占女性样本的 49.30%，63 人认为表现在"努力学好知识，报效祖国"方面，占女性样本的 29.30%，42 人认为表现在"维护国家主权与领土利益，与敌对势力作斗争"方面，占女性样本的 19.53%，4 人认为表现在"其他"方面，占女性样本的 1.87%。总体来看，男性样本认为爱国主义表现在"热爱祖国文化，传承华夏文明"方面的比例高出女性样本 1.11 个百分点，男性样本认为爱国主义表现在"努力学好知识，报效祖国"方面的比例低于女性样本 6.16 个百分点，男性样本认为爱国主义表现在"维护国家主权与领土利益，与敌对势力作斗争"方面的比例低于女性样本 0.52 个百分点。

　　不同学生层次中，博士研究生样本中 5 人认为表现在"热爱祖国文化，传承华夏文明"方面，占博士研究生样本的 45.45%，6 人认为表现在"努力学好知识，报效祖国"方面，占博士研究生样本的54.55%。硕士研究生样本中48人认为表现在"热爱祖国文化，传承华夏文明"方面，占硕士研究生样本的48.98%，34人认为表现在"努力学好知识，报效祖国"方面，占硕士研究生样本的34.69%，15人认为表现在"维护国家主权与领土利益，与敌对势力作斗争"方面，占硕士研究生样本的15.31%，1人认为表现在"其他"方面，占硕士研究生样本的1.02%。本科生样本中114人认为表现在"热爱祖国文化，传承华夏文明"方面，占本科生样本的50.22%，51人认为表现在"努力学好知识，报效祖国"方面，占本科生样本的22.47%，50人认为表现在"维护国家主权与领土利益，与敌对势力作斗争"方面，占本科生样本的22.03%，12人认为表现在"其他"方面，占本科生样本的5.28%。总体来看，本科生样本认为爱国主义表现在"热爱祖国文化，传承华夏文明"方面的比例最高，博士研究生样本认为爱国主义表现在"努力学好知识，报效祖国"方面的比例最高，本科生样本认为爱国主义表现在"维护国家主权与领土利益，与敌对势力作斗争"方面的比例最高。

不同年级中，2020级样本中97人认为表现在"热爱祖国文化，传承华夏文明"方面，占2020级样本的55.11%，49人认为表现在"努力学好知识，报效祖国"方面，占2020级样本的27.84%，27人认为表现在"维护国家主权与领土利益，与敌对势力作斗争"方面，占2020级样本的15.34%，3人认为表现在"其他"方面，占2020级样本的1.71%。2019级样本中34人认为表现在"热爱祖国文化，传承华夏文明"方面，占2019级样本的41.98%，25人认为表现在"努力学好知识，报效祖国"方面，占2019级样本的30.86%，17人认为表现在"维护国家主权与领土利益，与敌对势力作斗争"方面，占2019级样本的20.99%，5人认为表现在"其他"方面，占2019级样本的6.17%。2018级样本中26人认为表现在"热爱祖国文化，传承华夏文明"方面，占2018级样本的

44.83%，14 人认为表现在"努力学好知识，报效祖国"方面，占 2018 级样本的 24.14%，15 人认为表现在"维护国家主权与领土利益，与敌对势力作斗争"方面，占 2018 级样本的 25.86%，3 人认为表现在"其他"方面，占 2018 级样本的 5.17%。2017 级样本中 9 人认为表现在"热爱祖国文化，传承华夏文明"方面，占 2017 级样本的 47.37%，2 人认为表现在"努力学好知识，报效祖国"方面，占 2017 级样本的 10.53%，6 人认为表现在"维护国家主权与领土利益，与敌对势力作斗争"方面，占 2017 级样本的 31.58%，2 人认为表现在"其他"方面，占 2017 级样本的 10.52%。其他年级样本中 1 人认为表现在"热爱祖国文化，传承华夏文明"方面，占其他年级样本的 50.00%，1 人认为表现在"努力学好知识，报效祖国"方面，占其他年级样本的 50.00%。总体来看，除去其他年级样本，2020 级样本认为爱国主义表现在"热爱祖国文化，传承华夏文明"方面的比例最高，2019 级样本认为爱国主义表现在"努力学好知识，报效祖国"方面的比例最高，2017 级样本认为爱国主义表现在"维护国家主权与领土利益，与敌对势力作斗争"方面的比例最高。

第十节　本章小结

从数据来看，德育教育成就斐然，同时男生与女生不同性别之间，博士研究生、硕士研究生、本科生不同学生层次之间，2017~2020 级、不同年级[①]之间，行为也有所差异。

一、德育教育内容理解方面

绝大部分样本能全面理解德育教育的重要内容，并受日常优良事例

[①]　由于其他年级样本数量仅为 2，未作特殊说明，此部分不考虑其他年级样本。下同。

影响最大。

二、社会公德方面

大部分样本遇到乱扔的垃圾能够自觉处理，女性样本、本科生样本、2020 级样本和 2017 级样本更愿意把乱扔的垃圾拾起丢入垃圾桶，展示了高校学生良好的公德心。

三、个人品德方面

对于撒谎行为，大部分样本会根据实际情况选择是否撒谎，从一定程度上反映出样本对实际问题和实际行为的思考，不死板。女性样本视情况而定、不能原谅撒谎行为的比例高出男性样本；硕士研究生样本视情况而定、不能原谅撒谎行为的比例高出其他学生层次样本；2019 级样本视情况而定、不能原谅撒谎行为的比例高出其他年级样本。与同学关系方面，大部分样本能与同学保持良好关系，女性样本、博士研究生样本、2019 级样本更能与同学保持良好关系。帮助同学方面，大部分样本不论没带文具的是谁，都会借文具给对方，女性样本、博士研究生样本、2018 级样本更愿意借文具给需要的同学。寻求帮助方面，同学、父母是样本寻求帮助的主要对象，女性样本、博士研究生样本、2018 级样本更倾向于向同学寻求帮助，女性样本、本科生样本、2017 级样本更倾向于向父母寻求帮助。

四、与父母之间的关系

大部分样本能与父母保持很好的关系，女性样本、硕士研究生样本、2020 级与 2017 级样本更能与父母保持良好关系。绝大部分样本会在节假日问候父母，女性样本、硕士研究生样本、2020 级样本在节假日更会主动问候父母。大部分样本在天气转冷时会提醒父母添加衣物，女性样本、硕士研究生样本、2020 级样本更会在天气转冷时提醒父母添加衣物。大部分样本在父母无法满足自己需求时不会或者很少大吵大闹，女性样本、本科生样本、2018 级样本在父母无法满足自己需求时更倾向于不会或者很少大吵大闹。大部分样本会主动与父母交流学习生活情况，女性样本、本科生样本、2017 级样本更会主动与父母交流学习生活情况。

五、与老师的关系

大部分样本遇到老师会主动打招呼，女性样本、博士研究生样本、2020 级样本遇到老师更会主动打招呼，男性样本、硕士研究生样本、2017 级样本遇到认识的老师更会主动打招呼。不足一半的样本其老师会主动谈心、给予指导帮助，男性样本、博士研究生样本、2020 级样本其老师更会主动谈心、给予指导帮助。超过 1/3 的样本认为其老师对自己了解很多，男性样本、博士研究生样本、2020 级样本认为其老师对学生了解更多。大部分样本其老师重视强调德育知识，女性样本、博士研究生样本、2020 级样本其老师更加重视德育知识传授。

六、师生关系维持方面

大部分样本犯错时其老师都能耐心指导、引导学生找出解决问题方法，女性样本、博士研究生样本、2019 级样本犯错时其老师更倾向于耐心指导、引导学生找出解决问题方法。大部分样本其老师在与学生沟通时能注重理论联系实际、及时对学生进行道德教育，女性样本、博士研究生样本、2020 级样本其老师在与学生沟通时更能注重理论联系实际、及时对学生进行道德教育。大部分样本认为当前师生关系很融洽，女性样本、博士研究生样本、2017 级样本更倾向于认为当前师生关系很融洽。半数以上样本其老师在学生违反课堂纪律时能耐心劝导或批评教育，女性样本、硕士研究生样本、2019 级样本其老师在学生违反课堂纪律时更能耐心劝导或批评教育。

七、理想信念方面

大部分样本具有坚定的理想信念，女性样本、博士研究生样本、2020 级样本更具有坚定的理想信念。大部分样本具有明确的人生目标，男性样本、博士研究生样本、2020 级样本更具有明确的人生目标。半数以上样本相信自己会成功，男性样本、博士研究生样本、2020 级样本更倾向于相信自己能成功。大部分样本遇到挫折和坎坷时愿意勇敢面对解决问题、向长辈或同龄人求助，男性样本、硕士研究生样本、2019 级样本遇到挫折和坎坷时更倾向于自己勇敢面对解决问题，女性样本、博士研究生样本、2017 级样本遇到挫折和坎坷时更倾向于向长辈或同龄人求助。大部分样本认为成功的关键是做好知识储备，并一步一个脚印实现自己最终的理想。

八、集体荣誉感方面

大部分样本会积极参加班级团体任务，男性样本、博士研究生样本、2017 级样本更倾向于积极参加班级团体任务。大部分样本愿意以班级集体利益为主，男性样本、博士研究生样本、2020 级样本更倾向于以班级集体利益为主。大部分样本认可"个人依附班级集体，班级集体推动个人"这一观点，女性样本、博士研究生样本、2020 级样本更加认可此观点。半数以上样本愿意为班级集体利益牺牲个人利益，男性样本、博士研究生样本、2020 级样本更愿意为班级集体利益牺牲个人利益。半数以上样本喜欢班级集体活动，女性样本、博士研究生样本、2019 级样本更喜欢班级集体活动。大部分样本会、偶尔会操心班级事务，男性样本、博士研究生样本、2020 级样本更倾向于操心班级事务。

九、爱国主义方面

大部分样本知道国旗、国徽、国歌诞生的故事，女性样本、博士研究生样本、2017 级样本更加了解国旗、国徽、国歌诞生的故事。大部分样本知道"钱学森爱国"故事，女性样本、博士研究生样本、2019 级样本更加了解"钱学森爱国"故事。大部分样本会关注近段时间出现的与国家声誉利益相关的国际、国内事件，男性样本、博士研究生样本、2020 级样本与 2018 级样本更倾向于关注并主动搜索新闻，女性样本、本科生样本、2019 级样本更倾向于关注但了解得不多。大部分样本认可爱国主义主要表现在"热爱祖国文化，传承华夏文明""努力学好知识，报效祖国""维护国家主权与领土利益，与敌对势力做斗争"。

第四章　农经专业人才培养现状调查——以知塑型

随着科学的迅速发展及其在社会生活中的作用日益扩大，知识教学从此成为人类教育，尤其是学校教育的中心任务（项贤明，2021）。智育担负着培养学生智慧能力的重担，新发展阶段我国高校智育教育向高质量内涵式发展演进，高校农林经济管理专业要把培养高素质农业经济管理人才作为根本目标。

第一节　学生学习成绩自我评价

当问及"你现在的专业学习成绩怎么样？"时，总样本中59人认为"好"，占总样本的17.56%，237人认为"一般"，占总样本的70.54%，40人认为"不理想"，占总样本的11.90%。总体来看，大部分样本对自己专业成绩评价不高。如图4-1所示。

不同性别中，男性样本中24人认为"好"，占男性样本的19.83%，75人认为"一般"，占男性样本的61.98%，22人认为"不理想"，占男性样本的18.19%。女性样本中35人认为"好"，占女性样本的16.28%，162人认为"一般"，占女性样本的75.35%，18人认为"不理想"，占女性样本的8.37%。总体来看，男性样本专业成绩自我评价"好"的比例高出女性样本3.55个百分点。

不同学生层次中，博士研究生样本中6人认为"好"，占博士研究生样本的54.55%，4人认为"一般"，占博士研究生样本的36.36%，1人认

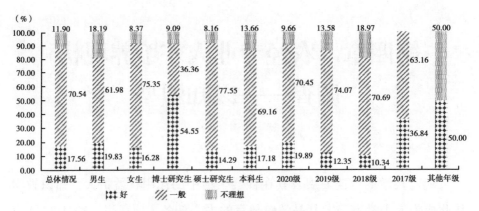

图 4-1 专业成绩自我评价

为"不理想"，占博士研究生样本的9.09%。硕士研究生样本中14人认为"好"，占硕士研究生样本的14.29%，76人认为"一般"，占硕士研究生样本的77.55%，8人认为"不理想"，占硕士研究生样本的8.16%。本科生样本中39人认为"好"，占本科生样本的17.18%，157人认为"一般"，占本科生样本的69.16%，31人认为"不理想"，占本科生样本的13.66%。总体来看，博士研究生样本专业成绩自我评价"好"的比例最高，硕士研究生样本专业成绩自我评价"好"的比例最低。

不同年级中，2020级样本中35人认为"好"，占2020级样本的19.89%，124人认为"一般"，占2020级样本的70.45%，17人认为"不理想"，占2020级样本的9.66%。2019级样本中10人认为"好"，占2019级样本的12.35%，60人认为"一般"，占2019级样本的74.07%，11人认为"不理想"，占2019级样本的13.58%。2018级样本中6人认为"好"，占2018级样本的10.34%，41人认为"一般"，占2018级样本的70.69%，11人认为"不理想"，占2018级样本的18.97%。2017级样本中7人认为"好"，占2017级样本的36.84%，12人认为"一般"，占2017级样本的63.16%。其他年级样本中1人认为"好"，占其他年级样本的50.00%，1人认为"不理想"，占其他年级样本的50.00%。总体来看，除去其他年级样本，2017级样本专业成绩自我评价"好"的比例最高，2018级样本专业成绩自我评价"好"的比例最低。

第二节 学生学习方法自我评价

一、学习方法

当问及"在学习过程中，您觉得自己学习方法是否存在问题？"时，总样本中40人认为"不存在"问题，占总样本的11.90%，233人认为"存在"问题，占总样本的69.35%，63人表示"讲不清楚"，占总样本的18.75%。总体来看，半数以上样本认为自己的学习方法存在问题。如图4-2所示。

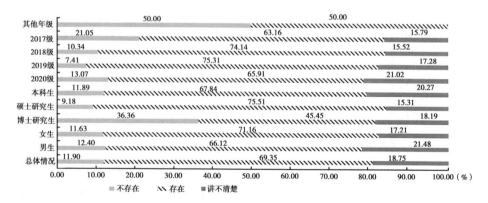

图4-2 学习方法是否存在问题

不同性别中，男性样本中15人认为"不存在"问题，占男性样本的12.40%，80人认为"存在"问题，占男性样本的66.12%，26人表示"讲不清楚"，占男性样本的21.48%。女性样本中25人认为"不存在"问题，占女性样本的11.63%，153人认为"存在"问题，占女性样本的71.16%，37人表示"讲不清楚"，占女性样本的17.21%。总体来看，男性样本认

为其学习方法不存在问题的比例高出女性样本 0.77 个百分点，男性样本
认为其学习方法存在问题的比例低于女性样本 5.04 个百分点。

不同学生层次中，博士研究生样本中 4 人认为"不存在"问题，占
博士研究生样本的 36.36%，5 人认为"存在"问题，占博士研究生样本
的 45.45%，2 人表示"讲不清楚"，占博士研究生样本的 18.19%。硕士
研究生样本中 9 人认为"不存在"问题，占硕士研究生样本的 9.18%，74
人认为"存在"问题，占硕士研究生样本的 75.51%，15 人表示"讲不清
楚"，占硕士研究生样本的 15.31%。本科生样本中 27 人认为"不存在"
问题，占本科生样本的 11.89%，154 人认为"存在"问题，占本科生样
本的 67.84%，46 人表示"讲不清楚"，占本科生样本的 20.27%。总体来
看，博士研究生样本认为其学习方法不存在问题的比例最高，硕士研究
生样本认为其学习方法存在问题的比例最高。

不同年级中，2020 级总样本中 23 人认为"不存在"问题，占 2020
级样本的 13.07%，116 人认为"存在"问题，占 2020 级样本的 65.91%，
37 人表示"讲不清楚"，占 2020 级样本的 21.02%。2019 级样本中 6 人
认为"不存在"问题，占 2019 级样本的 7.41%，61 人认为"存在"问
题，占 2019 级样本的 75.31%，14 人表示"讲不清楚"，占 2019 级样本
的 17.28%。2018 级样本中 6 人认为"不存在"问题，占 2018 级样本的
10.34%，43 人认为"存在"问题，占 2018 级样本的 74.14%，9 人表示
"讲不清楚"，占 2018 级样本的 15.52%。2017 级样本中 4 人认为"不存
在"问题，占 2017 级样本的 21.05%，12 人认为"存在"问题，占 2017
级样本的 63.16%，3 人表示"讲不清楚"，占 2017 级样本的 15.79%。其
他年级样本中 1 人认为"不存在"问题，占其他年级样本的 50.00%，
1 人认为"存在"问题，占其他年级样本的 50.00%。总体来看，除去其
他年级样本，2017 级样本认为其学习方法不存在问题的比例最高，2019
级样本认为其学习方法存在问题的比例最高。

二、利用小技巧帮助学习

当问及"平时您会通过一些小技巧来帮助自己学习吗？"时，总样本 276 人表示"会"利用小技巧帮助学习，占总样本的 82.14%，60 人表示"不会"利用小技巧帮助学习，占总样本的 17.86%。总体来看，超过八成样本会利用小技巧帮助学习。如图 4-3 所示。

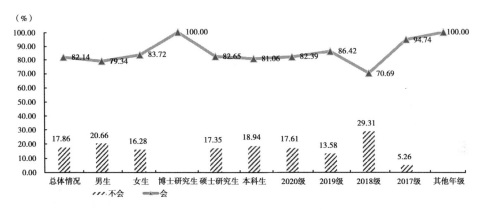

图 4-3 是否会利用小技巧帮助学习

不同性别中，男性样本中 96 人表示"会"利用小技巧帮助学习，占男性样本的 79.34%，25 人表示"不会"利用小技巧帮助学习，占男性样本的 20.66%。女性样本中 180 人表示"会"利用小技巧帮助学习，占女性样本的 83.72%，35 人表示"不会"利用小技巧帮助学习，占女性样本的 16.28%。总体来看，女性样本会利用小技巧帮助学习的比例高出男性样本 4.38 个百分点。

不同学生层次中，博士研究生样本中 11 人表示"会"利用小技巧帮助学习，占博士研究生样本的 100.00%。硕士研究生样本中 81 人表示"会"利用小技巧帮助学习，占硕士研究生样本的 82.65%，17 人表示"不会"利用小技巧帮助学习，占硕士研究生样本的 17.35%。本科生样本中 184 人表示"会"利用小技巧帮助学习，占本科生样本的 81.06%，43 人表示"不会"利用小技巧帮助学习，占本科生样本的 18.94%。总体来看，博士研究生样本会利用小技巧帮助学习的比例最高，硕士研究生样本不会利用小技巧帮助学习的比例最低。

不同年级中，2020 级样本中 145 人表示"会"利用小技巧帮助学习，占 2020 级样本的 82.39%，31 人表示"不会"利用小技巧帮助学习，占 2020 级样本的 17.61%。2019 级样本中 70 人表示"会"利用小技巧帮助学习，占 2019 级样本的 86.42%，11 人表示"不会"利用小技巧帮助学习，占 2019 级样本的 13.58%。2018 级样本中 41 人表示"会"利用小技巧帮助学习，占 2018 级样本的 70.69%，17 人表示"不会"利用小技巧帮助学习，占 2018 级样本的 29.31%。2017 级样本中 18 人表示"会"利用小技巧帮助学习，占 2017 级样本的 94.74%，1 人表示"不会"利用小技巧帮助学习，占 2017 级样本的 5.26%。其他年级样本中 2 人表示"会"利用小技巧帮助学习，占其他年级样本的 100.00%。总体来看，除去其他年级样本，2017 级样本会利用小技巧帮助学习的比例最高，不会利用小技巧帮助学习的比例最低；2018 级样本会利用小技巧帮助学习的比例最低，不会利用小技巧帮助学习的比例最高。

第三节　专业理论知识学习

一、每天学习新知识 / 观点

当问及"您会每天都在接触较为新颖的专业知识或者观点，不断充实自己，拓宽自己知识面吗？"时，总样本中 194 人表示"会"每天学习新知识 / 观点，占总样本的 57.74%，142 人表示"不会"每天学习新知识 / 观点，占总样本的 42.26%。总体来看，半数以上样本会每天学习新的专业知识和观点，拓宽自己的知识面。

不同性别中，男性样本中 75 人表示"会"每天学习新知识 / 观点，占男性样本的 61.98%，46 人表示"不会"每天学习新知识 / 观点，占男性样本的 38.02%。女性样本中 119 人表示"会"每天学习新知识 / 观点，占女性样本的 55.35%，96 人表示"不会"每天学习新知识 / 观点，占女性样本的 44.65%。总体来看，男性样本"会"每天学习新知识 / 观点的比例高出女性样本 6.63 个百分点。

不同学生层次中，博士研究生样本中 8 人表示"会"每天学习新知识 / 观点，占博士研究生样本的 72.73%，3 人表示"不会"每天学习新知识 / 观点，占博士研究生样本的 27.27%。硕士研究生样本中 56 人表示"会"每天学习新知识 / 观点，占硕士研究生样本的 57.14%，42 人表示"不会"每天学习新知识 / 观点，占硕士研究生样本的 42.86%。本科生样本中 130 人表示"会"每天学习新知识 / 观点，占本科生样本的 57.27%，97 人表示"不会"每天学习新知识 / 观点，占本科生样本的 42.73%。总体来看，博士研究生样本"会"每天学习新知识 / 观点的比例最高，硕士研究生样本"会"每天学习新知识 / 观点的比例最低；硕士研究生样本"不会"每天学习新知识 / 观点的比例最高，博士研究生样本"不会"每天学习新知识 / 观点的比例最低。如图 4-4 所示。

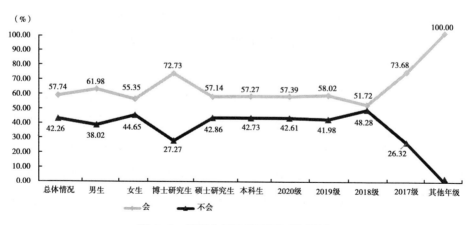

图 4-4　是否会每天学习新知识 / 观点

不同年级中，2020 级样本中 101 人表示"会"每天学习新知识 / 观点，占 2020 级样本的 57.39%，75 人表示"不会"每天学习新知识 / 观点，占 2020 级样本的 42.61%。2019 级样本中 47 人表示"会"每天学习新知识 / 观点，占 2019 级样本的 58.02%，34 人表示"不会"每天学习新知识 / 观点，占 2019 级样本的 41.98%。2018 级样本中 30 人表示"会"每天学习新知识 / 观点，占 2018 级样本的 51.72%，28 人表示"不会"每天学习新知识 / 观点，占 2018 级样本的 48.28%。2017 级样本中 14 人表示"会"每天学习新知识 / 观点，占 2017 级样本的 73.68%，5 人表示"不会"每天学习新知识 / 观点，占 2017 级样本的 26.32%。其他年级样本中 2 人表示"会"每天学习新知识 / 观点，占其他年级样本的 100.00%。总体来看，除去其他年级样本，2017 级样本"会"每天学习新知识 / 观点的比例最高，2018 级样本"会"每天学习新知识 / 观点的比例最低；2018 级样本"不会"每天学习新知识 / 观点的比例最高，2017 级样本"不会"每天学习新知识 / 观点的比例最低。

二、阅读农经名著

当问及"您看过一些专业相关的名著吗？"时，总样本中 92 人表示"看过"农经专业相关名著，占总样本的 27.38%，244 人表示"没有看过"农经专业相关名著，占总样本的 72.62%。总体来看，七成以上样本没有看过专业名著。

不同性别中，男性样本中 41 人表示"看过"农经专业相关名著，占男性样本的 33.88%，80 人表示"没有看过"农经专业相关名著，占男性样本的 66.12%。女性样本中 51 人表示"看过"农经专业相关名著，占女性样本的 23.72%，164 人表示"没有看过"农经专业相关名著，占女性样本的 76.28%。总体来看，男性样本"看过"农经专业相关名著的比例高出女性样本 10.16 个百分点。如图 4-5 所示。

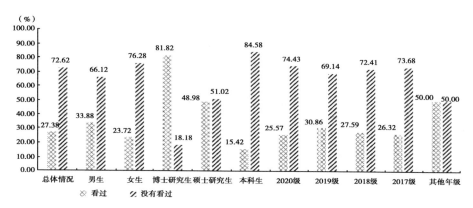

图4-5 是否看过专业名著

不同学生层次中，博士研究生样本中9人表示"看过"农经专业相关名著，占博士研究生样本的81.82%，2人表示"没有看过"农经专业相关名著，占博士研究生样本的18.18%。硕士研究生样本中48人表示"看过"农经专业相关名著，占硕士研究生样本的48.98%，50人表示"没有看过"农经专业相关名著，占硕士研究生样本的51.02%。本科生样本中35人表示"看过"农经专业相关名著，占本科生样本的15.42%，192人表示"没有看过"农经专业相关名著，占本科生样本的84.58%。总体来看，博士研究生样本"看过"农经专业相关名著的比例最高，本科生样本"没有看过"农经专业相关名著的比例最高。

不同年级中，2020级样本中45人表示"看过"农经专业相关名著，占2020级样本的25.57%，131人表示"没有看过"农经专业相关名著，占2020级样本的74.43%。2019级样本中25人表示"看过"农经专业相关名著，占2019级样本的30.86%，56人表示"没有看过"农经专业相关名著，占2019级样本的69.14%。2018级样本中16人表示"看过"农经专业相关名著，占2018级样本的27.59%，42人表示"没有看过"农经专业相关名著，占2018级样本的72.41%。2017级样本中5人表示"看过"农经专业相关名著，占2017级样本的26.32%，14人表示"没有看过"农经专业相关名著，占 2017 级样本的 73.68%。其他年级样本中 1 人表示"看过"农经专业相关名著，占其他年级样本的 50.00%，1 人表示"没有看过"农经专业相关名著，占其他年级样本的 50.00%。总体来看，2019 级样本"看过"农经专业相关名著的比例最高，2020 级样本"没有看过"农经专业相关名著的比例最高。

农经专业要求学生广泛阅读经济类、管理类、农经专业领域的名著，从样本反馈的情况来看，同学们普遍阅读的专业名著包括但不限于经济管理类名著，如《博弈论》①《产权的经济分析》《疯狂经济学》《管理学》《管理学原理》《国富论》《国家理论》《好的经济学》《货币论》《经济解释》《经济学原理》《科学管理原理》《卖桔者言》《企业的性质》《区域经济学》《市场营销学》《思考，快与慢》《通往奴役之路》《西方经济学》《新制度经济学》《信息经济学》《行为经济学》《有闲阶级论》《资本主义经济制度》等，农经专业类名家著作包括但不限于《佃农理论》《发展人类学十二讲》《改造传统农业》《江村经济》《农产品质量安全控制模式与保障机制研究》《农民的道义经济学》《农业技术经济学》《农业经济论》《农业经济学》《农业企业管理》《农业与工业化》《农业政策学》《贫穷的本质》《三农论》《社会分工论》《生态农场纪实》《乡土中国》《中国人行动的逻辑》等，部分学生选择在线阅读专业名著。

三、农经专业顶级期刊阅读

当问及"您看过一些相关专业的顶级期刊吗？"时，总样本中 99 人表示"有"阅读过农经专业顶级期刊，占总样本的 29.46%，237 人表示"没有阅读过"农经专业顶级期刊，占总样本的 70.54%。总体来看，七成以上样本没有看过专业顶级期刊。如图 4-6 所示。

---

① 按首字母拼音排序，不分先后。

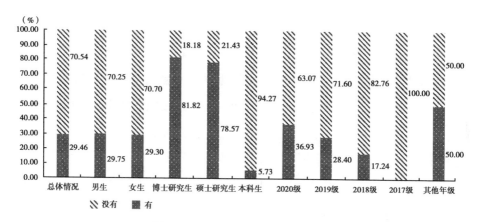

图 4-6　是否阅读过专业顶级期刊

不同性别中，男性样本中 36 人表示"有"阅读过农经专业顶级期刊，占男性样本的 29.75%，85 人表示"没有"阅读过农经专业顶级期刊，占男性样本的 70.25%。女性样本中 63 人表示"有"阅读过农经专业顶级期刊，占女性样本的 29.30%，152 人表示"没有"阅读过农经专业顶级期刊，占女性样本的 70.70%。总体来看，男性样本"有"阅读过农经专业顶级期刊的比例略高于女性样本。

不同学生层次中，博士研究生样本中 9 人表示"有"阅读过农经专业顶级期刊，占博士研究生样本的 81.82%，2 人表示"没有"阅读过农经专业顶级期刊，占博士研究生样本的 18.18%。硕士研究生样本中 77 人表示"有"阅读过农经专业顶级期刊，占硕士研究生样本的 78.57%，21 人表示"没有"阅读过农经专业顶级期刊，占硕士研究生样本的 21.43%。本科生样本中 13 人表示"有"阅读过农经专业顶级期刊，占本科生样本的 5.73%，214 人表示"没有"阅读过农经专业顶级期刊，占本科生样本的 94.27%。总体来看，博士研究生样本"有"阅读过农经专业顶级期刊的比例最高，本科生样本"没有"阅读过农经专业顶级期刊的比例最高。

不同年级中，2020 级样本中 65 人表示"有"阅读过农经专业顶级期刊，占 2020 级样本的 36.93%，111 人表示"没有"阅读过农经专业顶级期刊，占 2020 级样本的 63.07%。2019 级样本中 23 人表示"有"阅读过农经专业顶级期刊，占 2019 级样本的 28.40%，58 人表示"没有"阅读过农经专业顶级期刊，占 2019 级样本的 71.60%。2018 级样本中 10 人表示"有"阅读过农经专业顶级期刊，占 2018 级样本的 17.24%，48 人表示"没有"阅读过农经专业顶级期刊，占 2018 级样本的 82.76%。2017 级样本中 19 人表示"没有"阅读过农经专业顶级期刊，占 2017 级样本的 100.00%。其他年级样本中 1 人表示"有"阅读过农经专业顶级期刊，占其他年级样本的 50.00%，1 人表示"没有"阅读过农经专业顶级期刊，占其他年级样本的 50.00%。总体来看，除去其他年级样本，2020 级样本"有"阅读过农经专业顶级期刊的比例最高，2017 级样本"没有"阅读过农经专业顶级期刊的比例最高。

从样本的反馈情况来看，同学们普遍阅读的经济类、管理类、农经类顶级期刊包括但不限于《管理世界》《经济研究》《中国工业经济》等经管类顶级期刊，《中国农村经济》《中国农村观察》《农业经济问题》《农业技术经济》等农经领域四大刊，还包括《经济学家》《经济评论》《中国土地科学》《自然资源学报》等中文期刊，外文期刊主要包括 *American Economic Review*、*Journal of Development Economics* 等英文顶级期刊。

四、教师推荐专业名著

当问及"老师上课的时候会推荐一些专业名著吗？"时，总样本中 205 人表示老师上课"会"推荐专业名著，占总样本的 61.01%，131 人表示老师上课"不会"推荐专业名著，占总样本的 38.99%。总体来看，半数以上教师会在课堂上推荐专业名著。如图 4-7 所示。

不同性别中，男性样本中 75 人表示老师上课"会"推荐专业名著，占男性样本的 61.98%，46 人表示老师上课"不会"推荐专业名著，占男性样本的 38.02%。女性样本中 130 人表示老师上课"会"推荐专业名著，

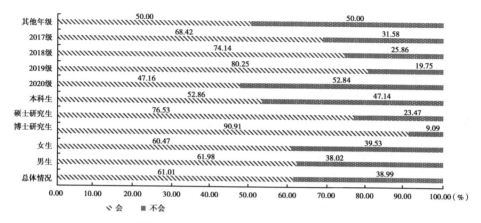

图 4-7　老师上课是否会推荐专业名著

占女性样本的 60.47%，85 人表示老师上课"不会"推荐专业名著，占女性样本的 39.53%。总体来看，男性样本其老师上课"会"推荐专业名著的比例高出女性样本 1.51 个百分点。

不同学生层次中，博士研究生样本中 10 人表示老师上课"会"推荐专业名著，占博士研究生样本的 90.91%，1 人表示老师上课"不会"推荐专业名著，占博士研究生样本的 9.09%。硕士研究生样本中 75 人表示老师上课"会"推荐专业名著，占硕士研究生样本的 76.53%，23 人表示老师上课"不会"推荐专业名著，占硕士研究生样本的 23.47%。本科生样本中 120 人表示老师上课"会"推荐专业名著，占本科生样本的 52.86%，107 人表示老师上课"不会"推荐专业名著，占本科生样本的 47.14%。总体来看，博士研究生样本其老师上课"会"推荐专业名著的比例最高，高出硕士研究生样本 14.38 个百分点，高出本科生样本 38.05 个百分点。

不同年级中，2020 级样本中 83 人表示老师上课"会"推荐专业名著，占 2020 级样本的 47.16%，93 人表示老师上课"不会"推荐专业名著，占 2020 级样本的 52.84%。2019 级样本中 65 人表示老师上课"会"推荐专业名著，占 2019 级样本的 80.25%，16 人表示老师上课"不会"推荐专业名著，占 2019 级样本的 19.75%。2018 级样本中 43 人表示老师上课"会"推荐专业名著,占 2018 级样本的 74.14%,15 人表示老师上课"不会"推荐专业名著,占 2018 级样本的 25.86%。2017 级样本中 13 人表示老师上课"会"推荐专业名著,占 2017 级样本的 68.42%,6 人表示老师上课"不会"推荐专业名著,占 2017 级样本的 31.58%。其他年级样本中 1 人表示老师上课"会"推荐专业名著,占其他年级样本的 50.00%,1 人表示老师上课"不会"推荐专业名著,占其他年级样本的 50.00%。总体来看,除去其他年级样本,2019 级样本其老师上课"会"推荐专业名著的比例最高,高出 2018 级样本 6.11 个百分点,高出 2017 级样本 11.83 个百分点,高出 2020 级样本 33.09 个百分点。

根据样本反馈情况,教师推荐的专业名著主要集中在经典著作和当代新阶段出版的专业书籍,包括但不限于《21 世纪的管理挑战》[①]《产权的经济分析》《纯粹理性批判》《大国大城》《道德情操论》《佃农理论》《杜润生自述:中国农村体制变革重大决策纪实》《发展经济学》《改造传统农业》《管理学》《国富论》《技术经济学》《江村经济》《交易成本经济学》《经济发展理论》《经济信息学》《经济学原理》《就业、利息和货币通论》《科学管理原理》《理想国》《农业技术经济》《农业经济论》《农业经济学》《农业经营体制改革与制度创新》《农业政策学》《贫穷的本质》《企业的性质》《企业战略管理》《契约经济学》《人力资本论》《社会调查方法》《社会契约论》《通往奴役之路》《微观经济学》《乡土中国》《心理经济学》《新制度经济学》《信息经济学》《一分钟经理》《政治经济学原理》《中国农民调查》《中国新型农业经营主体发展研究》《资本论》等。

五、教师推荐专业期刊

当问及"老师上课的时候会推荐一些专业期刊吗?"时,总样本中

---

① 按首字母拼音排序,不分先后。

195 人表示老师上课"会"推荐专业期刊，占总样本的 58.04%，141 人表示老师上课"不会"推荐专业期刊，占总样本的 41.96%。总体来看，超过半数以上样本其老师会在上课过程中推荐专业期刊，拓宽学生知识面。

不同性别中，男性样本中 66 人表示老师上课"会"推荐专业期刊，占男性样本的 54.55%，55 人表示老师上课"不会"推荐专业期刊，占男性样本的 45.45%。女性样本中 129 人表示老师上课"会"推荐专业期刊，占女性样本的 60.00%，86 人表示老师上课"不会"推荐专业期刊，占女性样本的 40.00%。总体来看，女性样本其老师上课"会"推荐专业期刊的比例高出男性样本 5.45 个百分点。如图 4-8 所示。

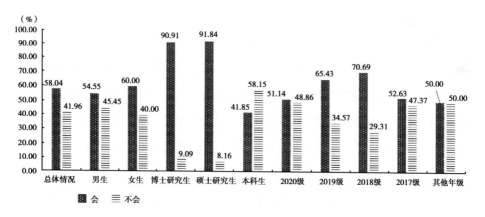

图 4-8 老师上课是否会推荐专业期刊

不同学生层次中，博士研究生样本中 10 人表示老师上课"会"推荐专业期刊，占博士研究生样本的 90.91%，1 人表示老师上课"不会"推荐专业期刊，占博士研究生样本的 9.09%。硕士研究生样本中 90 人表示老师上课"会"推荐专业期刊，占硕士研究生样本的 91.84%，8 人表示老师上课"不会"推荐专业期刊，占硕士研究生样本的 8.16%。本科生样本中 95 人表示老师上课"会"推荐专业期刊，占本科生样本的 41.85%，132 人表示老师上课"不会"推荐专业期刊，占本科生样本的 58.15%。总体来看，硕士研究生样本其老师上课"会"推荐专业期刊的比例最高，高出博士研究生样本 0.93 个百分点，高出本科生样本 49.99 个百分点。

不同年级中，2020 级样本中 90 人表示老师上课"会"推荐专业期刊，占 2020 级样本的 51.14%，86 人表示老师上课"不会"推荐专业期刊，占 2020 级样本的 48.86%。2019 级样本中 53 人表示老师上课"会"推荐专业期刊，占 2019 级样本的 65.43%，28 人表示老师上课"不会"推荐专业期刊，占 2019 级样本的 34.57%。2018 级样本中 41 人表示老师上课"会"推荐专业期刊，占 2018 级样本的 70.69%，17 人表示老师上课"不会"推荐专业期刊，占 2018 级样本的 29.31%。2017 级样本中 10 人表示老师上课"会"推荐专业期刊，占 2017 级样本的 52.63%，9 人表示老师上课"不会"推荐专业期刊，占 2017 级样本的 47.37%。其他年级样本中 1 人表示老师上课"会"推荐专业期刊，占其他年级样本的 50.00%，1 人表示老师上课"不会"推荐专业期刊，占其他年级样本的 50.00%。总体来看，除去其他年级样本，2018 级样本其老师上课"会"推荐专业期刊的比例最高，高出 2019 级样本 5.26 个百分点，高出 2017 级样本 18.06 个百分点，高出 2020 级样本 19.55 个百分点。

根据样本反馈情况，教师推荐的专业期刊包括但不限于中文期刊如《中国农村观察》《农业技术经济》《中国农村经济》《管理世界》《经济研究》《经济评论》《经济学（季刊）》《经济学家》《中国工业经济》《农业经济管理》等期刊，英文期刊如 *Cell*、*Nature*、*AJAE*、*Food Policy*、*Econometrica*、*Review of Economic Studies*、*American Economic Review* 等专业期刊，部分样本反馈老师推荐了很多专业期刊供样本学习。

第四节　学生对教师教学的反馈

一、教学方式反馈

当问及"您觉得老师上课的方式是否足够吸引您，让您能够较好地学习？"时，总样本中 211 人认为老师上课方式"足够"吸引人，占总样本的 62.80%，60 人认为老师上课方式"并不足够"吸引人，占总样本的 17.86%，65 人表示"说不清楚"，占总样本的 19.34%。总体来看，半数以上样本其老师上课方式吸引力比较强。如图 4-9 所示。

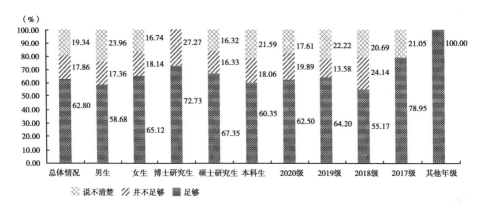

图 4-9 老师上课方式是否吸引人

不同性别中，男性样本中 71 人认为老师上课方式"足够"吸引人，占男性样本的 58.68%，21 人认为老师上课方式"并不足够"吸引人，占男性样本的 17.36%，29 人表示"说不清楚"，占男性样本的 23.96%。女性样本中 140 人认为老师上课方式"足够"吸引人，占女性样本的 65.12%，39 人认为老师上课方式"并不足够"吸引人，占女性样本的 18.14%，36 人表示"说不清楚"，占女性样本的 16.74%。总体来看，女性样本认为其老师上课方式"足够"吸引人的比例，高出男性样本 6.44 个百分点；女性样本认为其老师上课方式"并不足够"吸引人的比例，高出男性样本 0.78 个百分点。

不同学生层次中，博士研究生样本中 8 人认为老师上课方式"足够"吸引人，占博士研究生样本的 72.73%，3 人认为老师上课方式"并不足够"吸引人，占博士研究生样本的 27.27%。硕士研究生样本中 66 人认为老师上课方式"足够"吸引人，占硕士研究生样本的 67.35%，16 人认为老师上课方式"并不足够"吸引人，占硕士研究生样本的16.33%，16人表示"说不清楚"，占硕士研究生样本的16.32%。本科生样本中137人认为老师上课方式"足够"吸引人，占本科生样本的60.35%，41人认为老师上课方式"并不足够"吸引人，占本科生样本的18.06%，49人表示"说不清楚"，占本科生样本的21.59%。总体来看，博士研究生样本认为其老师上课方式"足够"吸引人的比例最高，高出硕士研究生样本5.38个百分点，高出本科生样本12.38个百分点。

不同年级中，2020级样本中110人认为老师上课方式"足够"吸引人，占2020级样本的62.50%，35人认为老师上课方式"并不足够"吸引人，占2020级样本的19.89%，31人表示"说不清楚"，占2020级样本的17.61%。2019级样本中52人认为老师上课方式"足够"吸引人，占2019级样本的64.20%，11人认为老师上课方式"并不足够"吸引人，占2019级样本的13.58%，18人表示"说不清楚"，占2019级样本的22.22%。2018级样本中32人认为老师上课方式"足够"吸引人，占2018级样本的55.17%，14人认为老师上课方式"并不足够"吸引人，占2018级样本的24.14%，12人表示"说不清楚"，占2018级样本的20.69%。2017级样本中15人认为老师上课方式"足够"吸引人，占2017级样本的78.95%，4人表示"说不清楚"，占2017级样本的21.05%。其他年级样本中2人认为老师上课方式"足够"吸引人，占其他年级样本的100.00%。总体来看，除去其他年级样本，2017级样本认为其老师上课方式"足够"吸引人的比例最高，高出2019级样本14.75个百分点，高出2020级样本16.45个百分点，高出2018级样本23.78个百分点。

二、课堂教学知识点理解程度

当问及"您对老师课堂上所讲的知识点能否理解？"时，总样本中271人表示"能"理解课堂知识点，占总样本的80.65%，65人表示"不能"理解课堂知识点，占总样本的 19.35%。总体来看，八成以上样本能够消化课堂讲解的知识点。如图 4-10 所示。

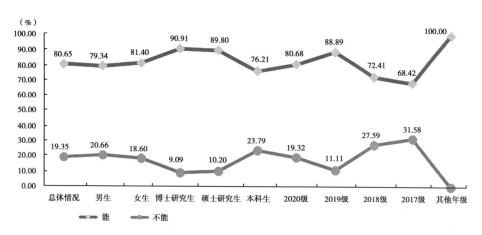

图 4-10　是否理解课堂讲授的知识点

不同性别中，男性样本中 96 人表示"能"理解课堂知识点，占男性样本的 79.34%，25 人表示"不能"理解课堂知识点，占男性样本的 20.66%。女性样本中 175 人表示"能"理解课堂知识点，占女性样本的 81.40%，40 人表示"不能"理解课堂知识点，占女性样本的 18.60%。女性样本"能"理解课堂知识点的比例高出男性样本 2.06 个百分点。

不同学生层次中，博士研究生总样本中 10 人表示"能"理解课堂知识点，占博士研究生样本的 90.91%，1 人表示"不能"理解课堂知识点，占博士研究生样本的 9.09%。硕士研究生样本中 88 人表示"能"理解课堂知识点，占硕士研究生样本的 89.80%，10 人表示"不能"理解课堂知识点，占硕士研究生样本的 10.20%。本科生样本中 173 人表示"能"理解课堂知识点，占本科生样本的 76.21%，54 人表示"不能"理解课堂知识点，占本科生样本的 23.79%。总体来看，博士研究生样本"能"理解课堂知识点的比例最高，高出硕士研究生样本 1.11 个百分点，高出本科生样本 14.70 个百分点。

不同年级中，2020 级样本中 142 人表示"能"理解课堂知识点，占 2020 级样本的 80.68%，34 人表示"不能"理解课堂知识点，占 2020 级样本的 19.32%。2019 级样本中 72 人表示"能"理解课堂知识点，占 2019 级样本的 88.89%，9 人表示"不能"理解课堂知识点，占 2019 级样本的 11.11%。2018 级样本中 42 人表示"能"理解课堂知识点，占 2018 级样本的 72.41%，16 人表示"不能"理解课堂知识点，占 2018 级样本的 27.59%。2017 级样本中 13 人表示"能"理解课堂知识点，占 2017 级样本的 68.42%，6 人表示"不能"理解课堂知识点，占 2017 级样本的 31.58%。其他年级样本中 2 人表示"能"理解课堂知识点，占其他年级样本的 100.00%。总体来看，除去其他年级样本，2019 级样本"能"理解课堂知识点的比例最高，高出 2020 级样本 8.21 个百分点，高出 2018 级样本 16.48 个百分点，高出 2017 级样本 20.47 个百分点。

三、指出老师授课中的错误

在假设"如果课堂上你发现老师讲错了某个知识点，你会站起来给老师指出问题吗？"的情景中，总样本中 79 人表示"会"指出错误之处，占总样本的 23.51%，50 人表示"不会"指出错误之处，占总样本的 14.88%，207 人表示"视情况而定"，占总样本的 61.61%。总体来看，大部分样本会根据具体情况选择是否指出老师授课过程中的错误。如图 4-11 所示。

同一情景不同性别中，男性样本中 39 人表示"会"指出错误之处，占男性样本的 32.23%，16 人表示"不会"指出错误之处，占男性样本的 13.22%，66 人表示"视情况而定"，占男性样本的 54.55%。女性样本中 40 人表示"会"指出错误之处，占女性样本的 18.60%，34 人表示"不会"指出错误之处，占女性样本的 15.81%，141 人表示"视情况而定"，占女性样本的 65.59%。总体来看，男性样本"会"指出老师授课过程中错误之处的比例，高出女性样本 13.63 个百分点；男性样本"不会"指出

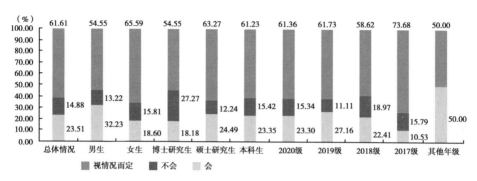

图 4-11 是否会指出老师授课过程中的错误

老师授课过程中错误之处的比例，低于女性样本 2.59 个百分点；男性样本"视情况而定"的比例，低于女性样本 11.04 个百分点。

同一情景不同学生层次中，博士研究生样本中 2 人表示"会"指出错误之处，占博士研究生样本的 18.18%，3 人表示"不会"指出错误之处，占博士研究生样本的 27.27%，6 人表示"视情况而定"，占博士研究生样本的 54.55%。硕士研究生样本中 24 人表示"会"指出错误之处，占硕士研究生样本的 24.49%，12 人表示"不会"指出错误之处，占硕士研究生样本的 12.24%，62 人表示"视情况而定"，占硕士研究生样本的 63.27%。本科生样本中 53 人表示"会"指出错误之处，占本科生样本的 23.35%，35 人表示"不会"指出错误之处，占本科生样本的 15.42%，139 人表示"视情况而定"，占本科生样本的 61.23%。总体来看，硕士研究生样本"会"指出老师授课过程中错误之处的比例最高，高出本科生样本 1.14 个百分点，高出博士研究生样本 6.31 个百分点；博士研究生样本"不会"指出老师授课过程中错误之处的比例最高，高出本科生样本 11.85 个百分点，高出硕士研究生样本 15.03 个百分点；硕士研究生样本"视情况而定"的比例最高，高出本科生样本 2.04 个百分点，高出博士研究生样本 8.72 个百分点。

同一情景不同年级中，2020 级样本中 41 人表示"会"指出错误之处，占 2020 级样本的 23.30%，27 人表示"不会"指出错误之处，占 2020 级样本的 15.34%，108 人表示"视情况而定"，占 2020 级样本的 61.36%。2019 级样本中 22 人表示"会"指出错误之处，占 2019 级样本的 27.16%，9 人表示"不会"指出错误之处，占 2019 级样本的 11.11%，50 人表示"视情况而定"，占 2019 级样本的 61.73%。2018 级样本中 13 人表示"会"指出错误之处，占 2018 级样本的 22.41%，11 人表示"不会"指出错误之处，占 2018 级样本的 18.97%，34 人表示"视情况而定"，占 2018 级样本的 58.62%。2017 级样本中 2 人表示"会"指出错误之处，占 2017 级样本的 10.53%，3 人表示"不会"指出错误之处，占 2017 级样本的 15.79%，14 人表示"视情况而定"，占 2017 级样本的 73.68%。其他年级样本中 1 人表示"会"指出错误之处，占其他年级样本的 50.00%，1 人表示"视情况而定"，占其他年级样本的 50.50%。总体来看，除去其他年级样本，2019 级样本"会"指出老师授课过程中错误之处的比例最高，高出 2020 级样本 3.86 个百分点，高出 2018 级样本 4.75 个百分点，高出 2017 级样本 16.63 个百分点；2018 级样本"不会"指出老师授课过程中错误之处的比例最高，高出 2017 级样本 3.18 个百分点，高出 2020 级样本 3.63 个百分点，高出 2019 级样本 7.86 个百分点；2017 级样本"视情况而定"的比例最高，高出 2019 级样本 11.95 个百分点，高出 2020 级样本 12.32 个百分点，高出 2018 级样本 15.06 个百分点。

四、指出老师授课中的重复之处

在假设"如果课堂上你发现老师又在讲重复的知识点，你会给老师反映吗？"的情景中，总样本中 82 人表示"会"指出重复之处，占总样本的 24.40%，87 人表示"不会"指出重复之处，占总样本的 25.89%，167 人表示"视情况而定"，占总样本的 49.71%。总体来看，大约一半的样本会根据具体情况选择是否指出老师授课过程中的重复之处。如图 4-12 所示。

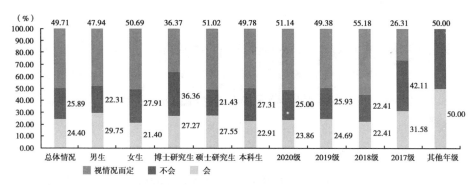

图 4-12　是否会指出老师授课过程中的重复之处

同一情景不同性别中，男性样本中 36 人表示"会"指出重复之处，占男性样本的 29.75%，27 人表示"不会"指出重复之处，占男性样本的 22.31%，58 人表示"视情况而定"，占男性样本的 47.94%。女性样本中 46 人表示"会"指出重复之处，占女性样本的 21.40%，60 人表示"不会"指出重复之处，占女性样本的 27.91%，109 人表示"视情况而定"，占女性样本的 50.69%。总体来看，男性样本"会"指出老师授课过程中的重复之处的比例，高出女性样本 8.35 个百分点；男性样本"不会"指出老师授课过程中的重复之处的比例，低于女性样本 5.60 个百分点；男性样本"视情况而定"的比例，低于女性样本 2.75 个百分点。

同一情景不同学生层次中，博士研究生样本中 3 人表示"会"指出重复之处，占博士研究生样本的 27.27%，4 人表示"不会"指出重复之处，占博士研究生样本的 36.36%，4 人表示"视情况而定"，占博士研究生样本的 36.37%。硕士研究生样本中 27 人表示"会"指出重复之处，占硕士研究生样本的 27.55%，21 人表示"不会"指出重复之处，占硕士研究生样本的 21.43%，50 人表示"视情况而定"，占硕士研究生样本的 51.02%。本科生样本中 52 人表示"会"指出重复之处，占本科生样本的 22.91%，62 人表示"不会"指出重复之处，占本科生样本的 27.31%，113 人表示"视情况而定"，占本科生样本的 49.78%。总体来看，硕士研究生样本"会"指出老师授课过程中的重复之处的比例最高,高出博士研究生样本 0.28 个百分点,高出本科生样本 4.64 个百分点;博士研究生样本"不会"指出老师授课过程中的重复之处的比例最高,高出本科生样本 9.05 个百分点,高出硕士研究生样本 14.93 个百分点;硕士研究生样本"视情况而定"的比例最高,高出本科生样本 1.24 个百分点,高出博士研究生样本 14.65 个百分点。

同一情景不同年级中,2020 级样本中 42 人表示"会"指出重复之处,占 2020 级样本的 23.86%,44 人表示"不会"指出重复之处,占 2020 级样本的 25.00%,90 人表示"视情况而定",占 2020 级样本的 51.14%。2019 级样本中 20 人表示"会"指出重复之处,占 2019 级样本的 24.69%,21 人表示"不会"指出重复之处,占 2019 级样本的 25.93%,40 人表示"视情况而定",占 2019 级样本的 49.38%。2018 级样本中 13 人表示"会"指出重复之处,占 2018 级样本的 22.41%,13 人表示"不会"指出重复之处,占 2018 级样本的 22.41%,32 人表示"视情况而定",占 2018 级样本的 55.18%。2017 级样本中 6 人表示"会"指出重复之处,占 2017 级样本的 31.58%,8 人表示"不会"指出重复之处,占 2017 级样本的 42.11%,5 人表示"视情况而定",占 2017 级样本的 26.31%。其他年级样本中 1 人表示"会"指出重复之处,占其他年级样本的 50.00%,1 人表示"不会"指出重复之处,占其他年级样本的 50.00%。总体来看,除去其他年级样本,2017 级样本"会"指出老师授课过程中的重复之处的比例最高,高出 2019 级样本 6.89 个百分点,高出 2020 级样本 7.72 个百分点,高出 2018 样本 9.17 个百分点。2017 级样本"不会"指出老师授课过程中的重复之处的比例最高,高出 2019 级样本 16.18 个百分点,高出 2020 级样本 17.11 个百分点,高出 2018 样本 19.70 个百分点。2018 级样本"视情况而定"的比例最高,高出 2020 级样本 4.04 个百分点,高出 2019 级样本 5.80 个百分点,高出 2017 样本 28.87 个百分点。

五、指出老师授课中的无关之处

在假设"如果课堂上你发现老师讲的知识点并不与本专业相关，你是否会和老师进行沟通交流吗？"中，总样本中77人表示"会"指出老师授课的无关之处，占总样本的22.92%，95人表示"不会"指出老师授课的无关之处，占总样本的28.27%，164人表示"视情况而定"，占总样本的48.81%。总体来看，约一半的样本会根据具体情况选择是否指出老师授课过程中的无关之处。如图4-13所示。

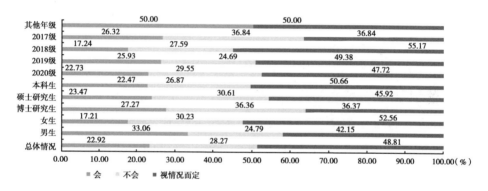

图 4-13　是否会指出老师授课过程中的无关之处

同一情景不同性别中，男性样本中40人表示"会"指出老师授课的无关之处，占男性样本的33.06%，30人表示"不会"指出老师授课的无关之处，占男性样本的24.79%，51人表示"视情况而定"，占男性样本的42.15%。女性样本中37人表示"会"指出老师授课的无关之处，占女性样本的17.21%，65人表示"不会"指出老师授课的无关之处，占总样本的30.23%，113人表示"视情况而定"，占女性样本的52.56%。总体来看，男性样本"会"指出老师授课的无关之处的比例，高出女性样本15.85个百分点；男性样本"不会"指出老师授课的无关之处的比例，低于女性样本5.44个百分点；男性样本"视情况而定"的比例，低于女性样本10.41个百分点。

同一情景不同学生层次中，博士研究生样本中3人表示"会"指出老师授课的无关之处，占博士研究生样本的 27.27%，4 人表示"不会"指出老师授课的无关之处，占博士研究生样本的 36.36%，4 人表示"视情况而定"，占博士研究生样本的 36.37%。硕士研究生样本中 23 人表示"会"指出老师授课的无关之处，占硕士研究生样本的 23.47%，30 人表示"不会"指出老师授课的无关之处，占硕士研究生样本的 30.61%，45 人表示"视情况而定"，占硕士研究生样本的 45.92%。本科生样本中 51 人表示"会"指出老师授课的无关之处，占本科生样本的 22.47%，61 人表示"不会"指出老师授课的无关之处，占本科生样本的 26.87%，115 人表示"视情况而定"，占本科生样本的 50.66%。总体来看，博士研究生样本"会"指出老师授课的无关之处的比例最高，高出硕士研究生样本 3.80 个百分点，高出本科生样本 4.80 个百分点；博士研究生样本"不会"指出老师授课的无关之处的比例最高，高出硕士研究生样本 5.75 个百分点，高出本科生样本 9.49 个百分点；本科生样本"视情况而定"的比例最高，高出硕士研究生样本 4.74 个百分点，高出博士研究生样本 14.29 个百分点。

同一情景不同年级中，2020 级样本中 40 人表示"会"指出老师授课的无关之处，占 2020 级样本的 22.73%，52 人表示"不会"指出老师授课的无关之处，占 2020 级样本的 29.55%，84 人表示"视情况而定"，占 2020 级样本的 47.72%。2019 级样本中 21 人表示"会"指出老师授课的无关之处，占 2019 级样本的 25.93%，20 人表示"不会"指出老师授课的无关之处，占 2019 级样本的 24.69%，40 人表示"视情况而定"，占 2019 级样本的 49.38%。2018 级样本中 10 人表示"会"指出老师授课的无关之处，占 2018 级样本的 17.24%，16 人表示"不会"指出老师授课的无关之处，占 2018 级样本的 27.59%，32 人表示"视情况而定"，占 2018 级样本的 55.17%。2017 级样本中 5 人表示"会"指出老师授课的无关之处，占 2017 级样本的 26.32%，7 人表示"不会"指出老师授课的无关之处，占 2017 级样本的 36.84%，7 人表示"视情况而定"，占 2017 级样本的 36.84%。其他年级样本中 1 人表示"会"指出老师授课的无关之处，占其他年级样本的 50.00%，1 人表示"视情况而定"，占其他年级样本的 50.00%。总体来看，除去其他年级样本，2017 级样本"会"指出老师授课的无关之处的比例最高，高出 2019 级样本 0.39 个百分点，高出 2020 级样本 3.59 个百分点，高出 2018 级样本 9.08 个百分点；2017 级样本"不会"指出老师授课的无关之处的比例最高，高出 2020 级样本 7.29 个百分点，高出 2018 级样本 9.25 个百分点，高出 2019 级样本 12.15 个百分点；2018 级样本"视情况而定"的比例最高，高出 2019 级样本 5.79 个百分点，高出 2020 级样本 7.45 个百分点，高出 2017 级样本 18.33 个百分点。

第五节　学生对学校教学的反馈

当问及"学校（学院）是否会为了学生学业进步而进行专业课程体系设计？"时，总样本中 238 人选择"会"，占总样本的 70.83%，98 人表示"不会"，占总样本的 29.17%。总体来看，大部分样本其所在学校（学院）愿意为学生学业进步而设计专业课程体系。如图 4-14 所示。

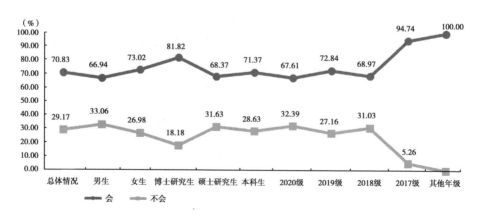

图 4-14　学校（学院）是否会为了学生学业进步而进行专业课程体系设计

　　不同性别中，男性样本中 81 人选择"会"，占总样本的 66.94%，40 人表示"不会"，占男性样本的 33.06%。女性样本中 157 人选择"会"，占女性样本的 73.02%，58 人表示"不会"，占女性样本的 26.98%。总体而言，女性样本其所在学校（学院）为了学生学业进步而进行专业课程体系设计的比例高出男性样本 6.08 个百分点。

　　不同学生层次中，博士研究生样本中 9 人选择"会"，占博士研究生样本的 81.82%，2 人表示"不会"，占博士研究生样本的 18.18%。硕士研究生样本中 67 人选择"会"，占硕士研究生样本的 68.37%，31 人表示"不会"，占硕士研究生样本的 31.63%。本科生样本中 162 人选择"会"，占本科生样本的 71.37%，65 人表示"不会"，占本科生样本的 28.63%。总体来看，博士研究生样本其所在学校（学院）为了学生学业进步而进行专业课程体系设计的比例最高，高出本科生样本 10.45 个百分点，高出硕士研究生样本 13.45 个百分点。

　　不同年级中，2020 级样本中 119 人选择"会"，占 2020 级样本的 67.61%，57 人表示"不会"，占 2020 级样本的 32.39%。2019 级样本中 59 人选择"会"，占 2019 级样本的 72.84%，22 人表示"不会"，占 2019 级样本的 27.16%。2018 级样本中 40 人选择"会"，占 2018 级样本的 68.97%，18 人表示"不会"，占 2018 级样本的 31.03%。2017 级样本中 18 人选择"会"，占 2017 级样本的 94.74%，1 人表示"不会"，占 2017 级样本的 5.26%。其他年级样本中 2 人选择"会"，占其他年级样本的 100.00%。总体来看，除去其他年级样本，2017 级样本其所在学校（学院）为了学生学业进步而进行专业课程体系设计的比例最高，高出 2019 级样本 21.90 个百分点，高出 2018 级样本 25.77 个百分点，高出 2020 级样本 27.13 个百分点。

　　总样本中 238 人表示其所在学校（学院）为了学生学业进步而进行专业课程体系设计。当问及"专业课程体系设计有没有提升您的学习成绩？"时，200 人表示"有"提升，占比 84.03%，38 人表示"没有"提升，占比 15.97%。如图 4–15 所示。

总样本中 98 人表示其学校（学院）没有为了学生学业进步而进行专业课程体系设计。当问及"是否希望学校（学院）为学生设计专业课程体系？"时，80 人表示"是"，占比 81.63%，18 人表示"否"，占比 18.37%（见图 4–16）。

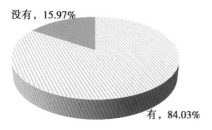

图 4–15　专业课程体系设计有没有
提升学习成绩

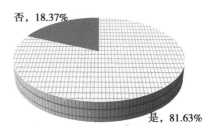

图 4–16　是否希望学校（学院）为
学生设计专业课程体系

第六节　本章小结

从数据来看，智育教育成就斐然，同时男生与女生不同性别之间，博士研究生、硕士研究生、本科生不同学生层次之间，2017～2020 级、其他年级之间，智育结果也有所差异。

学生学习成绩自我评价方面：不足 1/5 的样本认为自己专业学习成绩好，男性样本、博士研究生样本、2017 级样本对自己的专业成绩信心更高。

学生学习方法自我评价方面：约 1/10 的样本认为自己的学习方法不存在问题，男性样本、博士研究生样本、2017 级样本对自己的学习方法信心更高。大部分样本会利用小技巧帮助学习，女性样本、博士研究生样本、2017 级样本更会利用小技巧帮助学习。

专业理论知识学习方面：半数以上样本每天都会学习新知识 / 观点，男性样本、博士研究生样本、2017 级样本更会学习新知识 / 观点。不足 1/3

的样本阅读过农经专业领域名著，男性样本、博士研究生样本、2019级样本更会阅读农经专业领域名著。不足1/3的样本阅读过农经专业领域顶级期刊，男性样本、博士研究生样本、2020级样本更会阅读农经专业领域名著。大部分老师上课会推荐农经专业名著、专业顶级期刊。

学生对老师教学反馈方面：大部分样本认为老师上课方式吸引人，女性样本、博士研究生样本、2017级样本认为老师上课方式更吸引人。大部分样本能理解老师课堂上所讲知识点，女性样本、博士研究生样本、2019级样本更能理解老师课堂上所讲知识点。大部分样本会视情况决定指出老师授课过程中的错误之处，2/10以上的样本会站起来指出老师的错误之处，女性样本、硕士研究生样本、2017级样本更倾向于视情况决定指出老师授课过程中的错误之处，男性样本、硕士研究生样本、2019级样本更倾向于站起来指出老师的错误之处。约一半样本会视情况决定指出老师授课过程中的重复之处，2/10以上的样本会站起来指出老师的错误之处，女性样本、硕士研究生样本、2018级样本更倾向于视情况决定指出老师授课过程中的重复之处，男性样本、硕士研究生样本、2017级样本更倾向于站起来指出老师的重复之处。约一半样本会视情况决定与老师沟通其授课过程中的无关之处，2/10以上的样本会与老师沟通其授课过程中的无关之处，女性样本、本科生样本、2018级样本更倾向于视情况决定与老师沟通其授课过程中的无关之处，男性样本、博士研究生样本、2017级样本更倾向于与老师沟通其授课过程中的无关之处。

学生对学校教学的反馈方面：大部分样本其所在学校（学院）为了学生学业进步而进行专业课程体系设计，且其中大部分认为专业课程体系设计提升了学习成绩。即使小部分样本其所在学校（学院）没有进行专业课程体系设计，但其中大部分还是希望所在学校（学院）为学生设计专业课程体系。

第五章　农经专业人才培养现状调查——以实践造力

实践教学是实现理论知识与实践能力相结合的桥梁和纽带，对于发展学生实践能力、培养创新能力和提高综合素养发挥着重要作用（张淑辉等，2019），专业知识的掌握可通过培养计划中课程知识讲授得以实现，知识运用、责任意识和职业道德的培养则更多需要社会实践环节展开（苏建兰、李娅，2019）。本章主要探讨当前农经专业人才培养过程中实践教学内容与模式。

第一节　老师拥有工作室与学生实践能力培养

当问及"您的老师是否有属于自己的工作室让学生课余时间进行自习？"时，总样本中 156 人表示老师"有"工作室让学生自习，占总样本的46.43%，180 人表示老师"没有"工作室让学生自习，占总样本的 53.57%。总体来看，半数以上样本其老师没有工作室提供给学生。如图 5-1 所示。

不同性别中，男性样本中 60 人表示其老师"有"工作室让学生自习，占男性样本的 49.59%，61 人表示其老师"没有"工作室让学生自习，占男性样本的 50.41%。女性样本中 96 人表示其老师"有"工作室让学生自习，占女性样本的 44.65%，119 人表示其老师"没有"工作室让学生自习，占女性样本的 55.35%。总体来看，男性样本其老师"有"工作室让学生自习的比例高出女性样本 4.94 个百分点。

不同学生层次中，博士研究生样本中 11 人表示老师"有"工作室让

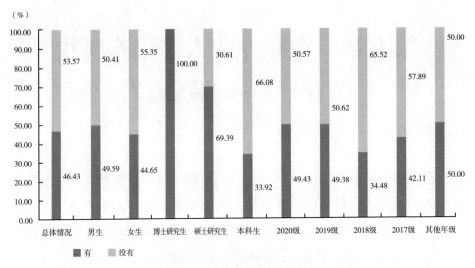

图 5-1　老师是否有工作室

学生自习，占博士研究生样本的 100.00%。硕士研究生样本中 68 人表示老师"有"工作室让学生自习，占硕士研究生样本的 69.39%，30 人表示老师"没有"工作室让学生自习，占硕士研究生样本的 30.61%。本科生样本中 77 人表示老师"有"工作室让学生自习，占本科生样本的 33.92%，150 人表示老师"没有"工作室让学生自习，占本科生样本的 66.08%。总体来看，博士研究生样本其老师"有"工作室让学生自习的比例最高，高出硕士研究生样本 30.61 个百分点，高出本科生样本 66.08 个百分点。

不同年级中，2020 级样本中 87 人表示老师"有"工作室让学生自习，占 2020 级样本的 49.43%，89 人表示老师"没有"工作室让学生自习，占 2020 级样本的 50.57%。2019 级样本中 40 人表示老师"有"工作室让学生自习，占 2019 级样本的 49.38%，41 人表示老师"没有"工作室让学生自习，占 2019 级样本的 50.62%。2018 级样本中 20 人表示老师"有"工作室让学生自习，占 2018 级样本的 34.48%，38 人表示老师"没有"工作室让学生自习，占 2018 级样本的 65.52%。2017 级样本中 8 人表示老师"有"工作室让学生自习，占 2017 级样本的 42.11%，11

人表示老师"没有"工作室让学生自习，占 2017 级样本的 57.89%。其他年级样本中 1 人表示老师"有"工作室让学生自习，占其他年级样本的 50.00%，1 人表示老师"没有"工作室让学生自习，占其他年级样本的 50.00%。总体来看，除去其他年级样本，2020 级样本其老师"有"工作室让学生自习的比例最高，高出 2019 级样本 0.05 个百分点，高出 2017 级样本 7.32 个百分点，高出 2018 级样本 14.95 个百分点。

总样本中 156 人表示其老师有属于自己的工作室让学生课余时间进行自习。当问及"您在工作室自习时会不会就专业问题和老师进行探讨？"时，128 人表示"会"，占比 82.05%，28 人表示"不会"，占比 17.95%。如图 5-2 所示。

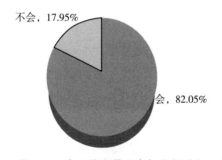

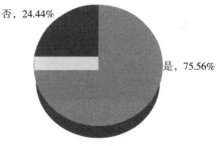

图 5-2　在工作室是否会与老师讨论　　　　图 5-3　是否希望老师拥有自己的
　　　　　专业问题　　　　　　　　　　　　工作室让学生课余进行自习

总样本中 180 人表示其老师没有属于自己的工作室让学生课余时间进行自习。当问及"是否希望您的老师有属于自己的工作室让学生课余时间进行自习？"时，136 人表示"是"，占比 75.56%，44 人表示"否"，占比 24.44%（见图 5-3）。

第二节　学校实验平台与学生实践能力培养

当问及"您是否去过学校（学院）的实验平台开展相关实验活动？"

时，总样本中 150 人表示去过学校（学院）的实验平台开展相关实验活动，占总样本的 44.64%，186 人表示没有去过学校（学院）的实验平台开展相关实验活动，占总样本的 55.36%。如图 5-4 所示。

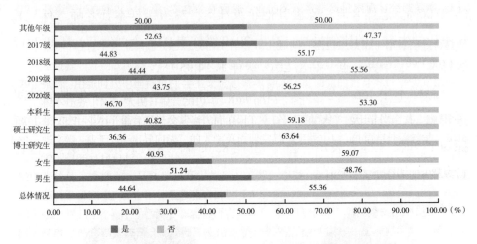

图 5-4　是否去过学校（学院）的实验平台开展相关实验活动

不同性别中，男性样本中 62 人表示去过学校（学院）的实验平台开展相关实验活动，占男性样本的 51.24%，59 人表示没有去过学校（学院）的实验平台开展相关实验活动，占男性样本的 48.76%。女性样本中 88 人表示去过学校（学院）的实验平台开展相关实验活动，占女性样本的 40.93%，127 人表示没有去过学校（学院）的实验平台开展相关实验活动，占女性样本的 59.07%。总体来看，男性样本去过学校（学院）的实验平台开展相关实验活动的比例高出女性样本 10.31 个百分点。

不同学生层次中，博士研究生样本中 4 人表示去过学校（学院）的实验平台开展相关实验活动，占博士研究生样本的 36.36%，7 人表示没有去过学校（学院）的实验平台开展相关实验活动，占博士研究生样本的 63.64%。硕士研究生样本中 40 人表示去过学校（学院）的实验平台开展相关实验活动，占硕士研究生样本的 40.82%，58 人表示没有去过学校

（学院）的实验平台开展相关实验活动，占硕士研究生样本的 59.18%。本科生样本中 106 人表示去过学校（学院）的实验平台开展相关实验活动，占本科生样本的 46.70%，121 人表示没有去过学校（学院）的实验平台开展相关实验活动，占本科生样本的 53.30%。总体来看，本科生样本去过学校（学院）的实验平台开展相关实验活动的比例最高，高出硕士研究生样本 5.88 个百分点，高出博士研究生样本 10.34 个百分点。

不同年级中，2020 级样本中 77 人表示去过学校（学院）的实验平台开展相关实验活动，占 2020 级样本的 43.75%，99 人表示没有去过学校（学院）的实验平台开展相关实验活动，占 2020 级样本的 56.25%。2019 级样本中 36 人表示去过学校（学院）的实验平台开展相关实验活动，占 2019 级样本的 44.44%，45 人表示没有去过学校（学院）的实验平台开展相关实验活动，占 2019 级样本的 55.56%。2018 级样本中 26 人表示去过学校（学院）的实验平台开展相关实验活动，占 2018 级样本的 44.83%，32 人表示没有去过学校（学院）的实验平台开展相关实验活动，占 2018 级样本的 55.17%。2017 级样本中 10 人表示去过学校（学院）的实验平台开展相关实验活动，占 2017 级样本的 52.63%，9 人表示没有去过学校（学院）的实验平台开展相关实验活动，占 2017 级样本的 47.37%。其他年级样本中 1 人表示去过学校（学院）的实验平台开展相关实验活动，占其他年级样本的 50.00%，1 人表示没有去过学校（学院）的实验平台开展相关实验活动，占其他年级样本的 50.00%。总体来看，除去其他年级样本，2017 级样本去过学校（学院）的实验平台开展相关实验活动的比例最高，高出 2018 级样本 7.80 个百分点，高出 2019 级样本 8.19 个百分点，高出 2020 级样本 8.88 个百分点。

总样本中 150 人去过学校（学院）的实验平台开展相关实验活动，当问及"学校（学院）的实验平台有没有提升您的实验水平和能力？"时，141 人表示有提高，占比 94.00%，9 人表示没有提高，占比 6.00%（见图 5-5）。

总样本中 186 人没有去过学校（学院）的实验平台开展相关实验活动，当问及"您是否希望学校（学院）为学生搭建实验平台？"时，160 人表示希望，占比 86.02%，26 人表示不希望，占比 13.98%。如图 5-6 所示。

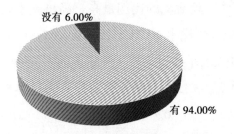

图 5-5　学校（学院）的实验平台有没有提升您的实验水平和能力

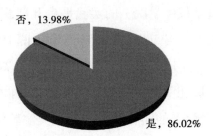

图 5-6　是否希望学校（学院）为学生搭建实验平台

第三节　实践基地与学生实践能力培养

当问及"您是否参加过实践基地（企业、政府部门等组织）的社会实践活动？"时，总样本中 175 人表示"参加过"实践基地的社会实践活动，占总样本的 52.08%，161 人表示"没有参加过"实践基地的社会实践活动，占总样本的 47.92%。

不同性别中，男性样本中 71 人表示"参加过"实践基地的社会实践活动，占男性样本的 58.68%，50 人表示"没有参加过"实践基地的社会实践活动，占男性样本的 41.32%。女性样本中 104 人表示"参加过"实践基地的社会实践活动，占女性样本的 48.37%，111 人表示"没有参加过"实践基地的社会实践活动，占女性样本的 51.63%。总体来看，男性样本"参加过"实践基地的社会实践活动的比例高出女性样本 10.31 个百分点。如图 5-7 所示。

不同学生层次中，博士研究生样本中 7 人表示"参加过"实践基地

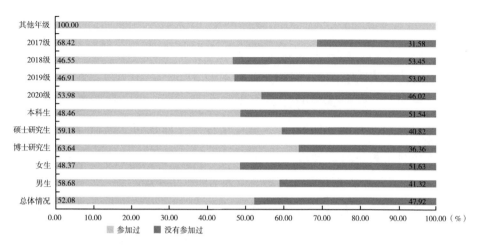

图 5-7　是否参加过实践基地的社会实践活动

的社会实践活动，占博士研究生样本的 63.64%，4 人表示"没有参加过"实践基地的社会实践活动，占博士研究生样本的 36.36%。硕士研究生样本中 58 人表示"参加过"实践基地的社会实践活动，占硕士研究生样本的 59.18%，40 人表示"没有参加过"实践基地的社会实践活动，占硕士研究生样本的 40.82%。本科生样本中 110 人表示"参加过"实践基地的社会实践活动，占本科生样本的 48.46%，117 人表示"没有参加过"实践基地的社会实践活动，占本科生样本的 51.54%。总体来看，博士研究生样本"参加过"实践基地的社会实践活动的比例最高，高出硕士研究生样本 4.46 个百分点，高出本科生样本 15.18 个百分点。

　　不同年级中，2020 级样本中 95 人表示"参加过"实践基地的社会实践活动，占 2020 级样本的 53.98%，81 人表示"没有参加过"实践基地的社会实践活动，占 2020 级样本的 46.02%。2019 级样本中 38 人表示"参加过"实践基地的社会实践活动，占 2019 级样本的 46.91%，43 人表示"没有参加过"实践基地的社会实践活动，占 2019 级样本的 53.09%。2018 级样本中 27 人表示"参加过"实践基地的社会实践活动，占 2018 级样本的 46.55%，31 人表示"没有参加过"实践基地的社会实践活动，占 2018 级样本的 53.45%。2017 级样本中 13 人表示"参加过"实践基地的社会实践活动，占 2017 级样本的 68.42%，6 人表示"没有参加过"实践基地的社会实践活动，占 2017 级样本的 31.58%。其他年级样本中 2 人表示"参加过"实践基地的社会实践活动，占其他年级样本的 100.00%。总体来看，除去其他年级样本，2017 级样本"参加过"实践基地的社会实践活动的比例最高，高出 2020 级样本 14.44 个百分点，高出 2019 级样本 21.51 个百分点，高出 2018 级样本 21.87 个百分点。

总样本中 175 人参加过实践基地（企业、政府部门等组织）的社会实践活动，当问及"有没有提升您的社会实践水平和能力？"时，168 人表示有提升，占比 96.00%，7 人表示没有提升，占比 4.00%（见图 5-8）。

总样本中 161 人表示没有参加过实践基地（企业、政府部门等组织）的社会实践活动，当问及"您是否希望参加实践基地（企业、政府部门等组织）的社会实践活动？"时，128 人表示希望，占比 85.71%，23 人表示不希望，占比 14.29%。如图 5-9 所示。

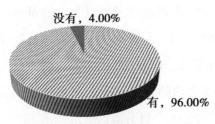

图 5-8　有没有提高您的社会实践水平和能力

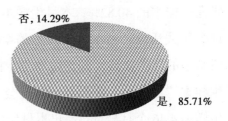

图 5-9　是否希望参加实践基地的社会实践活动

第四节　本章小结

从数据来看，实践教育成就斐然，同时男生与女生不同性别之间，博士研究生、硕士研究生、本科生不同学生层次之间，2017~2020 级、其他年级之间，实践教育结果也有所差异。

不足一半的样本其老师拥有工作室让学生课余时间进行自习，男性样本、博士研究生样本、2020级样本和2019级样本其老师拥有工作室让学生课余时间进行自习的比例相对较高。其老师有工作室的样本，绝大部分在工作室自习时会就专业问题和老师进行探讨；其老师没有工作室的样本，绝大部分希望老师有属于自己的工作室让学生课余时间进行自习。

不足一半的样本去过学校（学院）的实验平台开展相关实验活动，男性样本、本科生样本、2017级样本更倾向于去学校（学院）的实验平台开展相关实验活动。去过学校（学院）的实验平台开展相关实验活动的样本，绝大部分认为学校（学院）的实验平台能提升自身的实验水平和能力；没有去过学校（学院）的实验平台开展相关实验活动的样本，绝大部分希望学校（学院）为学生搭建实验平台。

半数以上的样本参加过实践基地（企业、政府部门等组织）的社会实践活动，男性样本、博士研究生样本、2017级样本参加实践基地（企业、政府部门等组织）的社会实践活动的比例相对较高。参加过实践基地（企业、政府部门等组织）的社会实践活动的样本，绝大部分认为实践基地（企业、政府部门等组织）的社会实践活动，能提升个人的社会实践水平和能力；没有参加过实践基地（企业、政府部门等组织）的社会实践活动的样本，绝大部分希望参加实践基地（企业、政府部门等组织）的社会实践活动。

第六章 国内高校农经专业人才培养成效

根据教育部第四轮学科评估结果，选取农林经济管理学科评估为A的三所学校：南京农业大学（A+）、浙江大学（A+）、华中农业大学（A），根据三所学校的农经专业人才培养资讯和人才培养方案，总结三所学校农经专业培养的经验。资讯主要来自学校官方网站和官方公众号，人才培养方案包括《南京农业大学本科专业人才培养方案（2019版）》《2021级浙江大学本科专业培养方案》和华中农业大学《2018年本科培养方案及指导性教学计划2018（经济管理学院分册）》等资料。

第一节 南京农业大学农林经济管理专业人才培养经验 ①

农林经济管理是管理学的一个学科分支，它主要将最新的经济学和管理学理论应用于农业领域，研究如何配置涉农领域稀缺的自然与经济资源，如何利用国内外市场，如何对农业实行保护政策，如何实施农业可持续发展战略等。本专业要求学生在掌握农业等自然科学基础知识的基础上，要了解如何促进国家农业经济的发展、如何对农业进行宏观调控与管理、如何对农业市场进行分析和预测，着重培养各级政府部门、

---

① 南京农业大学本科专业人才培养方案（2019版）[EB/OL] . http://aao.njau.edu.cn/info/1314/3525.htm, 2019–12–31.

各类企业、教育科研单位从事政策研究、经营管理、市场营销、金融财会等领域的复合应用型和学术研究型人才。

南京农业大学农林经济管理专业具有悠久的办学历史，是中国农业经济教育的发源地之一，可以追溯到20世纪20年代南京农业大学的前身——中央大学和金陵学院农业经济系。1989年，农业经济管理被批准为国家重点学科，是全国第一批农业经济管理重点学科之一。1998年设立农林经济管理专业博士后流动站。2000年农林经济管理学科获一级学科博士学位授予权。2001年农业经济管理学科点经重新评审，再次被评为国家级重点学科。经过几代人的努力，本专业规模不断扩大，已建成多层次、多规格人才培养体系。不仅造就了一批在全国具有重要影响的学术带头人，而且在教学与科研工作中也取得了一系列瞩目的成果，既为农林经济管理专业的发展提供了国际视野与中国本土问题相结合的先进办学理念，也为农林经济管理专业的教学和研究奠定了坚实的基础。同时，南京农业大学农林经济管理在国内农经界拥有很高的知名度和影响力，在国际上也具有较大的影响，社会对本校农林经济管理毕业生的认同度较高。

一、农林经济管理专业人才培养目标（以本科为例）

坚持"世界眼光，中国情怀，南农品质"的人才培养理念，培养具有正确价值观和社会责任感，具有系统的经济学和管理学基础理论和相关的农林业科学知识，熟悉经济发展规律和宏观经济政策，掌握农林经济管理的基本方法和综合技能，具有创新创业精神，具备分析并解决"三农"领域经济社会问题的实践能力，具备国际视野和跨文化交流能力。培养学生在毕业后的五年内为各级政府部门、各类农林企业、教育科研单位提供从事政策研究、经营管理、市场营销、金融财会等方面工作的学术研究型和复合应用型卓越人才。

以国家重点学科（农林经济管理）为依托，坚持文理兼顾、技能突出、适用面广的原则，在课程体系的构建与课程设置上，与农业科学、生命科学有机结合，与现代金融、产业经济、国际贸易等相关专业紧密联系，为拓宽专业发展途径、扩大学生就业面创造条件。

二、农林经济管理专业人才培养要求

道德品行方面（毕业要求1）：热爱祖国，身心健康，具有正确价值观和社会责任感、健全人格和一定程度的科学人文素养，关心农林经济发展领域的重大社会需求

专业素养方面（毕业要求2、3、4、5）：通过通识课程、专业课程和素质拓展课程，让学生掌握现代经济学和管理学的基本理论，具有相关的农业科学基础知识和较宽广的人文社会科学知识，掌握社会经济调查、文献检索、田野调查等综合实践的基本理论与方法，掌握企业经营管理、产业经济分析、数量经济分析等基本理论与方法。

实践教育方面（毕业要求6、7、8、9、10）：通过专业综合能力训练、科研基础训练、田野调查、ERP沙盘模拟实验、管理决策模型与方法、社会经济调查等集中实践环节，让学生熟悉国家农业政策法规、经济管理制度，了解国内外农林牧渔业的产业发展趋势，具备分析和解决农林经济管理实际问题的实践能力；具有创新创业精神，初步了解学术研究和管理实践的前沿动态，具备自主学习能力和提出问题、分析问题和解决问题的能力；能运用现代技术处理信息，能运用会计和数理方法分析解决实际问题；具备有效沟通和交流的能力，有较好的语言和文字表达能力，具有一定的国际视野和跨文化交流能力；能够在多学科背景下的团队中承担个体、团队成员以及负责人的角色。

三、农林经济管理专业人才培养实现矩阵

南京农业大学农经专业人才培养矩阵见表 6-1，其中黑色圆点表示课程与毕业要求间有一定关联。

表 6-1 南京农业大学农经专业人才培养矩阵

课程类别	课程名称	1	2	3	4	5	6	7	8	9	10
通识课程	思想道德修养与法律基础	●		●							●
	中国近现代史纲要	●		●							
	马克思主义基本原理概论	●		●							●
	毛泽东思想和中国特色社会主义理论体系概论	●		●							●
	形势与政策	●		●			●				●
	综合英语类									●	
	英语技能类									●	
	文学文化类							●		●	
	ESP 类（EAP 方向）							●			
	ESP 类（EOP 方向）									●	
	定制课程									●	
	第二外语类									●	
	Python 程序设计 II								●		
	微积分 I B、II B					●			●		
	线性代数 A					●			●		
	概率论与数理统计 A					●			●		
	体育类	●									
	军事技能训练	●									
	军事理论	●									
	大学生创新创业基础	●							●	●	
专业课程	学科导论		●			●	●				●
	创新思维与科学方法	●	●						●		
	微观经济学		●			●	●	●	●		●

续表

课程类别	课程名称	1	2	3	4	5	6	7	8	9	10
专业课程	宏观经济学		●			●	●	●	●		●
	管理学原理		●			●	●	●	●		●
	基础会计学		●			●			●		
	应用统计		●		●			●	●		●
	计量经济学		●		●	●		●			●
	市场营销		●			●			●		
	发展经济学		●			●					●
	公共经济学		●			●					●
	组织行为学		●			●					
	资源环境经济学		●	●							●
	农业经济学	●					●	●			●
	农村社会学	●	●				●				
	农产品运销学	●	●				●				
	涉农企业管理		●	●	●		●				
	农业政策学	●	●				●				●
	农产品国际贸易		●	●			●		●	●	●
	农业技术经济学		●	●	●	●		●			●
	大数据应用与分析				●	●			●		
	科研基础训练	●					●	●	●		
	专业综合能力训练		●	●			●			●	●
	ERP 沙盘模拟实验		●		●		●				
	乡村发展案例分析	●		●			●				●
	农商企业案例分析	●		●	●		●				●
	农村社会经济调查	●		●	●	●	●				●
	毕业实习与毕业论文				●		●				
	大学生心理健康教育	●		●						●	
	生涯规划与职业发展 I* II*	●					●	●			
	大学生安全教育	●									
	大学生社会实践	●			●						

四、农林经济管理专业人才培养未来方向 ①

2021年，南京农业大学迎来了中国大学第一个农业经济系成立100周年及研究生教育85周年的历史时刻。在一百年悠悠岁月里，南农农经系始终走在时代前沿，与时代同呼吸、与人民共命运；始终情系"三农"，立足出大学问家、出一流学科、育一流人才；始终坚持"扎根中国、放眼全球"的研究导向，砥砺奋进，深耕学术，经世致用，服务社会。面对新的历史时期和发展机遇，南京农业大学承载"服务国家农业农村现代化和乡村振兴"的天然职责、书写"扎根大地、兴农报国"的担当，南农农经学科要精耕"三农"沃土，扛起育人重担；担负时代使命，传承农经品质；加强合作交流，推进学科发展，充分利用在服务国家重大战略需求、经济主战场等方面的独特优势，积极凸显农经学科在全面乡村振兴中的重要作用，向世界农业发展提供中国方案。

南京农业大学农经学科未来发展方向：一是牢牢把握南农农经学科建设的特色，持续加强一流学科建设，加强与相关学科的交叉融合，加强与兄弟高校的协作联合，加强与国际机构的交流合作，讲好中国农经故事，发出中国农经声音，让中国的农经学科在世界上产生更大的影响。二是牢牢把握南农农经人才培养的重点，始终围绕国家需求，创新人才培养方式，大力培养一批批服务"三农"、服务江苏、服务国家，在世界上占有重要一席之地的栋梁之材。三是牢牢把握南农农经经世致用、服务发展的关键。农经学科只有作答好现实课题、解决好现实问题，才能更好体现学科自身价值。

南农培养的广大农经人深入研究和回答改革开放和社会主义现代化建设事业面临的重大理论及实践问题，深化"强富美高"新江苏建设重

---

① 南京农业大学隆重纪念中国大学第一个农经系成立100周年［EB/OL］. https://news.sina.com.cn/c/2021-10-22/doc-iktzscyy1215827.shtml, 2021-10-22.

大问题研究，为繁荣江苏社科理论发展、服务地方"三农"决策，提供卓越的思想支撑、智力支持，交出让党、祖国和人民更加满意的答卷。回首百年，弦歌不辍。南京农业大学农经学科面向下一个百年，赓续百年农经精神，同时与祖国共进、与时代同行，秉承"情系'三农'、深耕学术、立德育人、怀远天下"的理念，创新不止，探索不断。

第二节　浙江大学农林经济管理专业人才培养经验

浙大"卡特"成立于 1999 年，中文全称为浙江大学农业现代化与农村发展研究中心（Center for Agricultural and Rural Development, Zhejiang University, CARD），中文简称"卡特"，是国家教育部首批建设的国家人文社会科学重点研究基地，也是直属浙江大学的一个跨学科、开放性的教学科研和政策咨询机构。2005 年，经请示浙江省委书记并获重要指示后，在浙江大学农业现代化与农村发展研究中心的基础上成立了浙江大学中国农村发展研究院（China Academy for Rural Development, CARD），中文仍简称"卡特"，并列为国家"985"工程人文社会科学（A 类）创新基地。浙大"卡特"是在浙江大学农业经济学科的基础上建立和发展起来的。浙江大学农业经济学科可追溯到创建于 1927 年的国立第三中山大学农业社会学系。国立第三中山大学于 1928 年改名为国立浙江大学，农业社会学系在 1936 年改名为农业经济学系。1942 年农业经济学系设立了农业经济研究所并开始招收研究生。1928 年任系主任的许璇教授是我国早期著名的农学家、农业教育学家和农业经济学科的先驱。浙大"卡特"承接了深厚的历史积淀，在新的历史时期与时俱进不断发展壮大。在 2003 年、2009 年、2015 年教育部三次基地评估中，浙大"卡特"均被评为优秀基地。在 2003 年、2006 年、2012 年三轮全国一级学科评估中，浙江大学农经学科也均名列 /

并列全国第一。2017 年 12 月，教育部公布第四轮全国一级学科评估结果，浙江大学农经学科荣列 A+，并被列入国家"双一流"建设学科。

2018 年，浙大"卡特"被批准为浙江省重点新型智库，并入选"CTTI 2018 年度高校智库百强榜"。浙大"卡特"的发展目标是：以习近平新时代中国特色社会主义思想为指引，以服务国家"三农"发展重大战略为导向，以平台建设为载体，以人才培养为根本，以科学研究为抓手，以体制机制为保障，以学科交叉融合为路径，立足浙江、服务全国、辐射全球，推动农林经济管理与相关学科的交叉融合，通过若干年努力，建设成为拥有世界一流学科、一流科研水平和一流社会服务能力的人文社科研究基地和高端专业智库[1]。

浙江大学农林经济管理专业是全国"王牌"专业和历史最悠久专业之一，建系于 1927 年，在迄今四轮学科评估中均居榜首，是"A+ 学科""'双一流'学科""高峰学科"，入选首批国家级一流本科专业建设点。师资力量雄厚，毕业前景广阔，有多名长江学者、国务院学科评议组成员、教育部教指委副主任等，每年都有学生进入国内外著名学府深造，深受政府、金融、国际机构和企事业单位欢迎。培养体系先进，国际化程度突出，强调"复合式（经济 + 管理 + 公共管理）、应用型（技能 + 能力）、接地气、国际化"，与美、欧、亚、非等多地知名高校搭建了丰富的学生国际交流平台。[2]

一、农林经济管理专业人才培养目标[3]

（一）本科

培养具有国际视野、创新能力与创业精神、社会责任、扎实的基础

---

① 浙大"卡特"简介［EB/OL］. http：//www.card.zju.edu.cn/24430/list.htm.
② 浙江大学本科招生网.农林经济管理专业［EB/OL］.https：//zdzsc.zju.edu.cn/_s92/2020/0526/c3467a2124387/page.psp.
③ 浙江大学中国农村发展研究院人才培养［EB/OL］. http：//www.card.zju.edu.cn/24451/list.htm.

理论知识和综合方法运用能力，能够理解中国情境与所学专业领域的高素质管理或研究人才；掌握农林经济管理的基本理论和实践方法；熟悉最新的农林经济管理国际标准和中国实践；能够发现、分析和解决农林经济管理问题，开展科学研究；具备优秀的农林经济管理领导力，胜任农林经济管理专业岗位。

（二）硕士

培养具有广阔的国际视野并具有很强的创新精神和研究能力，能适应国际化和现代化发展需要，德、智、体全面发展，胜任农林经济管理及相关领域比较高层次教学、科研和管理等工作的高级专门人才。

（三）博士

培养具有广阔的国际视野并具有很强的创新精神和研究能力，能适应国际化和现代化发展需要，德、智、体全面发展，胜任农林经济管理及相关领域高层次教学、科研和管理等工作的一流高级专门人才。

二、农林经济管理专业人才培养要求[①]

（一）道德品行方面

严格遵守国家的法律法规及相关规章制度，坚持实事求是、严谨治学的学风，恪守学术道德，有社会责任感和团队合作精神，身心健康。具有人文社会科学素养和社会责任感，熟悉本专业领域相关政策、法律、法规，并能够在本专业领域实践活动中理解并遵守职业道德和职业规范。

（二）知识体系方面

一是能够掌握通识类、经济管理学科基础类、农林经济管理专业知识，并将所学知识用于解释、分析本专业领域现象和问题。通识类课程主要包括思政类、军体类、美育类、劳育类、外语类、计算机类、自然

---

① 笔者根据浙江大学《2021级农林经济管理专业培养方案》整理。

科学通识类、创新创业类和通识选修课程。专业基础课类包括宏微观经济学、管理学等课程。农经专业课程包括农业经济学、农村社会学等课程。此外学校还提供个性修读、跨专业、国际化、微辅修等类型课程，以及第二、第三、第四课堂等丰富多样的课程。

二是能够应用本学科基本原理和方法对本专业领域现象和问题进行判断、分析和研究，提出相应对策和建议，并形成解决方案。

三是掌握基本的社会科学研究方法和常见的农林经济管理工具，能够选择与使用恰当的现代信息技术工具对本专业领域数据信息进行收集和分析处理，用于完成所从事的专业领域活动。

（三）实践教育方面

具有较为独立获取知识的能力、科学研究能力、学术创新能力等，具备能以口头或书面的形式展示学术专长的学术交流能力。有比较强的沟通表达能力，具有团队精神，具备创新能力与创业精神。

第三节 华中农业大学农林经济管理专业人才培养经验

华中农业大学经济管理学院办学历史可追溯至 1904 年湖北省高等农务学堂开设的农政、财政和理财课程，是中国农林高校较早建立经管类系科的学院之一，也是中国农林经济管理学科的重要发源地之一。1952年，武汉大学、中山大学、湖南大学等院校的相关系科合并，设置华中农学院农业经济系。1992 年，经农业部批准，成立农业经济管理学院。1996 年更名为经济贸易学院，同年经农业部批准成立土地管理学院，与经济贸易学院合署办学。2005 年，经济贸易学院和文法学院的管理科学系合并组建经济管理学院。2013 年，土地管理学院并入学校新成立的公共管理学院①。

筚路蓝缕，薪火相传。长期以来，经济管理学院不忘初心，秉持"勤读力耕，立己达人"的校训，围绕大学办学的基本职能，坚持高质量内涵式发展，在人才培养、科学研究、社会服务和文化传承等各方面取得了重要成就，已经发展成为一所学科门类齐全、优势特色明显、教育体系完整的多元化学院，并形成了深植于朗朗狮山的"育人为本、崇尚学术"的独特精神气质。②

一、农林经济管理专业人才培养目标（以本科为例）③

培养适应国家经济建设、科技进步和社会发展需要，德、智、体、美全面发展，具有高尚健全的人格和强烈的社会责任感，掌握系统的经济科学和管理科学的基础理论、相关农林科学知识，系统认识和把握行业运行机制和发展规律，具备企业与行政管理基本技能，熟悉农业经济管理研究基本方法，主要面向农林牧渔相关的各级政府机关、企事业单位、教学科研单位，从事政策研究、经营管理、教学科研等方面工作，勤奋踏实、基础扎实、视野开阔、学习能力与实践创新能力强的高素质创新人才。

二、农林经济管理专业人才培养要求

（一）道德品行方面

具备良好的道德修养、强烈的社会责任感和事业心、良好的人文素养与科学精神、身心健康，具有强烈的学农、爱农、兴农责任感和追求

---

① 华中农业大学经济管理学院简介［EB/OL］.http：//emc.hzau.edu.cn/xygk/xyjj.htm.

② 华中农业大学经济管理学院院长致辞［EB/OL］.https://emc.hzau.edu.cn/xygk/yzzc.htm.

③ 华中农业大学本科生院.经济管理人才培养方案（2018）［EB/OL］.http：//bksy.hzau.edu.cn/info/1138/1974. htm，2019-08-26.

卓越的事业心；具有充满人文关怀的科学精神和充满现代科学意识的人文精神。

（二）专业素养方面

通过文理基础课程、学科基础课程、专业核心课程、专业特色课程等以及平时科研训练，使学生掌握管理科学和经济科学的基本理论、基本知识，具有相关的农林科学知识及较宽广的人文社会知识；熟悉国家有关方针、政策和法规，系统认识农业发展现状，初步把握行业发展规律。

（三）实践教育方面

通过教学、科研以及社会实践、毕业实习等，使学生具有文献检索、资料查询等独立获取知识能力和自主学习能力；具有现代信息技术应用能力；具有较好的沟通交流能力、组织协调能力和国际竞争力；掌握涉农企业经营管理、技术经济分析、经济核算、社会调查等基本方法和技能，具有农业经济运行与涉农企业管理实际问题的分析和解决能力；了解农林经济管理科学的理论前沿和农林企业经营管理的发展动态；掌握农林经济管理科学研究基本方法与技能，具有良好的创新意识、创新思维和一定的科学研究能力；熟练掌握一门外语，具有一定的听、说、读、写的能力。

三、农林经济管理专业人才培养实现矩阵

按照"以人为本、德育为先、能力为重、全面发展"的要求，用理论教学、实践教学和第二课堂教学有效支撑专业培养要求，增强各培养环节的针对性，实现人才培养的"可描述、可测量、可区分、可评价、可达成"，特制订培养目标实现矩阵。如表6-2所示。

表 6-2　华中农业大学农经专业人才培养矩阵

培养标准（知识、能力与素质要求）		实现途径	
		课程设置	其他（如教学方式、技能竞赛等）
标准1：具备良好的道德修养、强烈的社会责任感和事业心、良好的人文素养与科学精神、身心健康	1.1 良好的道德修养	思想道德修养与法律基础、形势与政策、学术道德规范教育	贯穿于专业课程教学，各类讲座、报告
	1.2 良好的政治素养	思政课、军事课	新闻联播、时事讲坛
	1.3 良好的人文素养与科学精神	通识教育课程	贯穿于专业课程教学、经典阅读、讲座、校园科技文化活动
	1.4 良好的健康状况	基础体育、体育俱乐部项目	早操、体育竞技、课余锻炼、心理健康状况测评、心理健康辅导等
标准2：具备扎实的数理基础及信息技术基础	2.1 数学基础	微积分、线性代数与线性规划、概率论与数理统计B、数学建模B、统计学原理	数学建模竞赛等
	2.2 信息技术基础	大学计算机基础、数据库技术与应用	计算机等级考试等
标准3：具备扎实的管理科学、经济科学基础，具有相关的农林科学知识	3.1 管理科学基础	管理学原理、会计学	经典阅读
	3.2 经济科学基础	经济学原理、微观经济学、宏观经济学、计量经济学	
	3.3 农林科学基础	生命科学导论、农学概论、畜牧概论、园艺概论、环境科学概论、农产品加工概论等农林科学课程	专业认知、讲座

续表

培养标准（知识、能力与素质要求）		实现途径	
		课程设置	其他（如教学方式、技能竞赛等）
标准4：具备农林经济管理专业基本知识、技能	4.1 农林经济知识、技能	农业经济学、林业经济学、农业经济思想史、农业政策学、农业资源与环境经济学、专业基本素养模块经济类选修课	专业认知、教学实习
	4.2 农林管理知识、技能	农产品营销学、农业企业经营管理学、专业基本素养模块管理类选修课	
	4.3 农林经济管理基本方法与工具	STATA 应用、农业统计学、社会调查研究方法B、管理运筹学	科研创新训练、创新性实验教学项目
标准5：具有良好的创新意识、创新思维及一定的科学研究能力		科研创新拓展模块选修课、毕业论文	创新性实验教学项目、经典著作研读、科研案例系列讲座、科研创新训练、毕业实习
标准6：具备农业经济运行与涉农企业管理实际问题的分析和解决能力		专业基本素养模块管理类选修课、经济类选修课、实践创新拓展模块选修课、毕业论文	专业核心技能竞赛、创业综合实践、企业资源计划实验B、教学实习、毕业实习
标准7：具有文献检索、资料查询等独立获取知识能力和自主学习能力；具有较好的表达能力、沟通交流能力、组织协调能力和国际竞争力	7.1 学习能力	学习技能	贯穿于专业课程教学、职业生涯规划
	7.2 语言文字表达能力	大学英语、毕业论文；大学语文、应用写作等通识教育课程	普通话等级考试、大学英语CET考试等、相关课程考核作业等
	7.3 沟通交流能力、组织协调能力		专业核心技能竞赛、教学实习、毕业实习、社团活动、相关课程考核作业等
	7.4 国际竞争力	大学英语	社团活动、交换学习等

四、农林经济管理专业人才培养未来方向

凡是过往，皆为序章。肇始于清末的华中农业大学农经专业，一直怀着建设世界一流经济管理学院的愿景（Vision），更愿意承担"为天地立心，为生民立命，为往圣继绝学，为万世开太平"的使命（Mission），将植根中国，面向世界，用规范的理论和方法研究中国的经济管理问题，为人类知识的发展提供中国洞见，致力于培养具有全球视野、社会责任和创新精神的高层次经济管理人才（Action）。①

---

① 华中农业大学经济管理学院院长致辞［EB/OL］.https//emc.hzau.edu.cn/xygk/yzzc.htm.

第七章　三维视角下农经专业人才培养存在的问题及对策

时值乡村振兴战略全面实施的发展背景，培养大批"懂农业、爱农村、爱农民""熟政策、善管理、懂技术"的农林经济管理复合应用型人才，成为当前农林经济管理专业的重要使命。本章主要分析调查中发现的农经专业人才培养存在的问题，并提出可行的解决措施。

第一节　调研中发现的问题

一、德育教育存在的问题

（一）德育教育内容理解方面

部分样本并不完全认同"尊老爱幼、诚实守信、团结友善、勤俭节约、敬业奉献、爱国守法都是德育的重要内容"。

（二）社会公德方面

遇到乱扔的垃圾，视而不见或者踢到一旁不处理的样本也不少，仍需加强对社会公德的培养。

（三）个人品德方面

仍有部分样本对撒谎保持无所谓或者忽视的态度，不能与同学保持良好关系，不愿意为没带文具的同学提供帮助，遭遇困境无处寻求帮助。

部分样本与父母关系不好，不会在节假日主动问候父母，天气转冷时不会提醒父母添加衣物，父母不能满足自己需求时大吵大闹，不主动与父母交流自己的学习生活情况。

部分样本对教师信任度低，遇到困难不会向老师求助。遇到老师不会主动打招呼，并认为师生关系比较紧张，没有坚定的理想信念，人生目标不明确，相信自己不会成功，遇到挫折坎坷任其发展，一蹶不振。

部分样本无视班级团体任务，当班级集体利益与个人利益有矛盾时，无视班级集体利益，优先考虑个人利益。不愿意为班级集体利益牺牲个人利益。不愿意参加班级集体活动，不关心班级事务。

部分样本不知道国旗、国徽、国歌诞生的故事，不了解"钱学森爱国"故事。不关注不了解近段时间出现的与国家声誉利益相关的国际、国内事件。

（四）老师方面

学生信任度低，没有经常与学生谈心、对学生进行指导帮助，对学生的学习、生活和工作等方面了解程度低甚至一点都不了解。部分老师不重视德育知识传授，在学生犯错时什么都不管，先训斥学生一顿。与学生沟通时不能注重理论联系实际、不及时对学生进行道德教育，不能与学生保持融洽的师生关系。在学生违反课堂纪律时置之不理。

二、智育教育存在的问题

大部分样本认为自己专业学习成绩一般，女性样本、硕士研究生样本、2019 级样本认为自己专业课成绩一般的比例相对较高。大部分样本认为自己的学习方法存在问题，女性样本、硕士研究生样本、2019 级样本认为自己的学习方法存在问题的比例相对较高。部分样本不会利用小技巧来帮助学习，不会每天学习新知识/观点。大部分样本没有阅读过农经专业领域名著，女性样本、本科生样本、2020 级样本没有阅读过农经专业领域名著的比例相对较高。大部分样本没有阅读过农经专业领域顶级期刊，女性样本、本科生样本、2017 级样本没有阅读过农经专业领域名著的比例相对较高。部分学生不能理解老师上课所讲的知识点，不会指出老师授课过程中可能的错误、重复或者无关之处，不希望学校（学院）为学生设计专业课程体系。

部分老师上课没有推荐专业名著、专业顶级期刊，上课方式不吸引人。部分老师授课过程中可能出现错误、重复和无关之处。

三、实践教育存在的问题

半数以上老师没有自己的工作室让学生课余进行自习，女性样本、本科生样本、2018 级样本其老师没有自己的工作室让学生课余进行自习的比例相对较高。老师有工作室的样本，一部分在工作室自习时不会就专业问题和老师进行探讨。老师没有工作室的样本，一部分不希望老师属于自己的工作室让学生课余时间进行自习。

半数以上样本没有去过学校（学院）的实验平台开展相关实验活动，女性样本、博士研究生样本、2020 级样本没有去过学校（学院）的实验平台开展相关实验活动的比例相对较高。去过学校（学院）的实验平台开展相关实验活动的样本，极少部分认为学校（学院）的实验平台没有提升自身的实验水平和能力；没有去过学校（学院）的实验平台开展相关实验活动的样本，少部分不希望学校（学院）为学生搭建实验平台。

近半数的样本没有参加过实践基地（企业、政府部门等组织）的社会实践活动，女性样本、本科生样本、2019 级样本和 2018 级样本没有参加过实践基地（企业、政府部门等组织）的社会实践活动的比例相对较高。参加过实践基地（企业、政府部门等组织）的社会实践活动的样本，极少部分认为实践基地（企业、政府部门等组织）的社会实践活动，没有提升个人的社会实践水平和能力；没有参加过实践基地（企业、政府部门等组织）的社会实践活动的样本，少部分不希望参加实践基地（企业、政府部门等组织）的社会实践活动。

第二节 "德、智、实践"农经专业人才三维培养模式践行对策

一、指导思想

以习近平新时代中国特色社会主义思想为指导，全面贯彻党的十九大和十九届二中、三中全会精神，贯彻习近平在全国教育大会和中央人才工作会议讲话精神，坚定实施科教兴国战略、人才强国战略，紧紧围绕统筹推进"五位一体"总体布局和协调推进"四个全面"战略布局，坚定"四个自信"，在党的坚强领导下，全面贯彻党的教育方针，坚持马克思主义指导地位，坚持中国特色社会主义教育发展道路，坚持社会主义办学方向，立足基本国情，遵循教育规律，坚持改革创新，以凝聚人心、完善人格、开发人力、培育人才、造福人民为工作目标，培养德智体美劳全面发展的社会主义建设者和接班人。

二、基本原则

第一，实效性原则。教育内容要从实际出发，尊重客观规律，利用新媒体和时事政治热点对学生进行教育，特别是实践教育活动，涵盖创新创业、"三农"实践、公益活动、志愿者活动、红色文化学习活动等，让学生在实践中有所领悟，将理论与实践相融合。

第二，创新性原则。人才培养要紧跟时代变化，紧扣时代主题，满足经济社会发展需求，不断创新。要在培养内容、形式、方法、考核评价上不断创新，设计形式多种多样，参与性又高又强，学生接受度高的人才培养模式。

第三，系统性原则。农经专业要求学生有较强的道德水平、理论素养、专业技能和实践能力，培养学生这几个方面的能力是一个系统的工程，协调好德育、智育、实践教育之间的关系，协调好学生、家庭、学校、社会群体的关系。

第四，规范化原则，农经专业人才培养模式的创新、应用与推广，在前三项原则的基础上，更要遵守规范与要求。

三、具体措施

（一）德育铸魂方面

培养学生真学真信真懂真用马克思主义、毛泽东思想与中国特色社会主义理论体系，特别是习近平新时代中国特色社会主义思想。鼓励学生树立共产主义远大理想、中国特色社会主义共同理想、中华民族伟大复兴的中国梦。师生增强中国特色社会主义道路自信、理论自信、制度自信、文化自信。激励学生坚持马克思主义的科学世界观和方法论。鼓励学生践行社会主义核心价值观，遵守公序良俗，理性面对经济发展、文化冲突、科技进步、生态环境中的伦理问题。继续强化对德育内容的宣传，提高学生对德育工作的认知；积极宣传优良事例，扩大影响力，但需避免出现"道德绑架"问题。强化对社会公德的宣传，提倡注重环境卫生、尊重环卫工人劳动成果。提高学生对老师的信任程度等。学校要把立德树人贯穿学校教育各环节，实现全员、全程、全方位育人，通过课程与教学、校园文化、主题教育活动、社会实践活动、管理服务等方式培养学生。发挥学校教育在立德树人中的主渠道、主阵地作用，注重发挥学生的主体性、自觉性和能动性。

（二）智育塑型方面

教学内容方面，系、学院、学校构建以学生为中心、顺应时代发展的专业课程体系，让学生系统性全面掌握农经专业知识，加强农经专业学生对传统文化知识、红色革命知识的学习，使农经专业学生知识面又宽又专。师资方面，农经老师不仅要不断提升自身专业水平、学历水平，更要深入了解并熟悉所授课程的主要知识、新知识和衍生知识，能够博闻强识。教学过程中要关注学生进步与发展，注重教学效益，掌握课堂教学方法和课堂外实践教学方法，利用多媒体、新媒体、网络等现代化手段教学，提高课堂对学生的吸引力，适当推荐专业书籍、专业杂志，拓宽学生的理论知识、专业知识面，分享高校的学习方法给学生，提高学生专业课程成绩，提高学生学习效率。

（三）实践造力方面

在"以学生为中心、课内与课外相结合、教学和研究相结合"的理念指导下，搭建三维实践平台。"三维实践平台"是有机整合校内实践环节（实验、课程设计）、校外实践环节（生产实习）和校企产学研三个实践环节，形成由"校企联合研究中心"（即教师工作室）统筹，"专业课程体系""校外实习基地"（企业、政府部门等其他组织）和"校内实验室"共同组成的、面向全体学生、多角度、多层面的学生实践学习平台，旨在提高学生的实践能力。并建立以教师工作室为桥梁，协调校内外学生实践环节的运作机制，促成三个维度的实践环节的协作和相长，实现教师、学生、学校和企业的多赢局面。

一是加强教师工作室建设。根据教师的研究方向和特长建设教师工作室，对工作室提出明确的管理和考核目标，将教师吸引学生进入工作室纳入工作室的考核，促进教师工作室与企业共同创建研究中心，实现教研相长。

二是加强校内实验室的建设和管理。实验室建设与产业的发展能够互动，增加实验室的开放性和实验教学中的学生的自主性，提高实验室教师的专业水平。

三是优化学生实习环节，全面巩固原有实习基地，尽力开拓新的实习基地，倡导采取"双导师"制指导学生实习环节（学校导师和基地导师共同指导）。让学生根据个人兴趣爱好选择不同研究方向的老师指导生产实习，进入不同的实习基地。在已有生产实习基地的基础上，拓展新的生产实习基地，促进教师在工作室的基础上与实习基地共建研究中心。

参考文献

［1］毕研峰，王成涛.蔡元培的教育思想及其在北京大学的实践［J］.高等理科教育，2003（S2）：32–35.

［2］曾素林.论实践教育［D］.华中师范大学博士学位论文，2013.

［3］陈悦，陈超美，刘则渊，胡志刚，王贤文.CiteSpace知识图谱的方法论功能［J］.科学学研究，2015，33（2）：242–253.

［4］崔艳辉，王轶.翻转课堂及其在大学英语教学中的应用［J］.中国电化教育，2014（11）：116–121.

［5］冯建军.构建德智体美劳全面培养的教育体系：理据与策略［J］.西北师大学报（社会科学版），2020，57（3）：5–14.

［6］冯开文等.期刊论文视角的当代中国农业经济学发展研究［M］.北京：中国农业出版社，2016.

［7］高德毅，宗爱东.从思政课程到课程思政：从战略高度构建高校思想政治教育课程体系［J］.中国高等教育，2017（1）：43–46.

［8］高德毅，宗爱东.课程思政：有效发挥课堂育人主渠道作用的必然选择［J］.思想理论教育导刊，2017（1）：31–34.

［9］高晓丽."五育并举"背景下加强高校劳动教育的内在依据与策略［J］.思想理论教育，2020（10）：97–101.

［10］高志强.卓越农林人才培养的运行机制——以湖南农业大学为例［J］.农业工程，2014，4（5）：90–92.

［11］葛道凯.高质量教育体系的使命、动力及建设思路［J］.教育研究，2022，43（3）：26–30.

［12］郭翔宇，崔宁波，庞金波.农业高校农林经济管理专业本科人才培养模式创新探讨［J］.东北农业大学学报（社会科学版），2009，7（5）：19–21.

［13］郭元祥.实践缺失是我国教育的根本局限［J］.教育研究与实验，2014，158（3）：1–8.

［14］何红娟."思政课程"到"课程思政"发展的内在逻辑及建构策略［J］.思想政治教育研究，2017，33（5）：60–64.

［15］洪名勇等.农林经济管理专业本科教学改革理论与实践［M］.北京：中国经济出版社，2013.

［16］胡洪彬.课程思政：从理论基础到制度构建［J］.重庆高教研究，2019，7（1）：112–120.

［17］胡锦涛.坚定不移沿着中国特色社会主义道路前进　为全面建成小康社会而奋斗
　　　［N］.人民日报，2012-11-18（001）.

［18］胡锦涛.在庆祝中国共产党成立90周年大会上的讲话［N］.人民日报，2011-07-02
　　　（002）.

［19］胡锦涛.在庆祝中华人民共和国成立60周年大会上的讲话［N］.人民日报，2009-
　　　10-02（014）.

［20］胡庆芳，程可拉.美国新课程标准推动下最佳实践的课堂建构［J］.比较教育研究，
　　　2004（6）：33-37.

［21］黄宏.北京奥运精神［M］.北京：人民出版社，2008.

［22］黄元全.高校思想政治理论课教师角色意识探析［J］.思想理论教育导刊，2010（4）：
　　　71-73.

［23］黄兆信，王志强.论高校创业教育与专业教育的融合［J］.教育研究，2013，34
　　　（12）：59-67.

［24］蒋玉，陈爱丽.习近平德育观及其现实应用探究［J］.中学政治教学参考，2020（6）：
　　　9-11.

［25］李崇光，关桓达，任宇华，王雅鹏，齐振宏.农林经济管理"一体两翼"人才培养
　　　模式改革与实践［J］.高等农业教育，2008（11）：40-42.

［26］李翠霞，黄凤，余志刚.基于农业现代化的农业经济管理专业创新型人才培养途径
　　　［J］.黑龙江高教研究，2013，31（11）：135-137.

［27］李丹.从"德智体美"到"德智体美劳"：加强高校劳动教育的逻辑审视［J］.中国
　　　职业技术教育，2019（33）：56-62.

［28］李家华，卢旭东.把创新创业教育融入高校人才培养体系［J］.中国高等教育，2010
　　　（12）：9-11.

［29］李廷扬.中国教育岂能再拒绝美育——驳"三育"优于"五育"论［J］.毕节师范
　　　高等专科学校学报，1999（1）：61-67.

［30］李一鸣.构建德智体美劳协调发展的长效机制［J］.中国高等教育，2020（20）：56-
　　　58.

［31］李义丹，董玥欣."双一流"建设背景下的一流人才：内涵、评价、生成与发展
　　　［J］.重庆大学学报（社会科学版），2022，28（4）：95-105.

［32］李政涛，王晓晓.高质量教育体系建设的中国特色与中国贡献［J］.国家教育行政
　　　学院学报，2022（7）：27-32+39.

［33］李政涛，文娟."五育融合"与新时代"教育新体系"的构建［J］.中国电化教育，
　　　2020（3）：7-16.

［34］李政涛，周颖.建设高质量教育体系与中国教育学的知识供给［J］.教育研究，
　　　2022，43（2）：83-98.

［35］刘承功.高校深入推进"课程思政"的若干思考［J］.思想理论教育，2018（6）：
　　　62-67.

［36］刘复兴.教育与共同富裕——建设促进共同富裕的高质量教育体系［J］.教育研究，2022，43（8）：149-159.

［37］刘堃."中国特色、世界一流"学科的理论审视、现实表现与建设方向——以涉农学科为例［J］.湖南农业大学学报（社会科学版），2021，22（2）：80-89.

［38］刘强，戚迪明，张广胜，江金启.适应就业市场需求的农林经济管理专业课程体系改革探索［J］.高等农业教育，2009（5）：49-51.

［39］刘宇文，侯钰婧.我国五育思想的百年演变、基本遵循与未来展望［J］.中国人民大学教育学刊，2021（4）：111-124.

［40］龙朝晖.高校教育中实践教育的内容、意义和途径探析［J］.中山大学学报（社会科学版），1998（S1）：219-222.

［41］路以兴，高萍.基于"三全育人"理念的专业课程思政育人工作的思考——以高职农业经济管理专业为例［J］.黑龙江生态工程职业学院学报，2019，32（4）：133-135+160.

［42］马秀麟，赵国庆，邬彤.大学信息技术公共课翻转课堂教学的实证研究［J］.远程教育杂志，2013，31（1）：79-85.

［43］马永斌，柏喆.大学创新创业教育的实践模式研究与探索［J］.清华大学教育研究，2015，36（6）：99-103.

［44］孟庆涛，齐媛，侯金芹，张冲.为担当民族复兴大任的时代新人培根铸魂——习近平总书记关于教育的重要论述学习研究之一［J］.教育研究，2022，43（1）：11-22.

［45］孟全省.农林经济管理专业拔尖创新人才培养模式的探索［J］.高等农业教育，2011（12）：43-46.

［46］缪静敏，汪琼.高校翻转课堂：现状、成效与挑战——基于实践一线教师的调查［J］.开放教育研究，2015，21（5）：74-82.

［47］木志荣.我国大学生创业教育模式探讨［J］.高等教育研究，2006（11）：79-84.

［48］宁本涛，杨柳.美育建设的价值逻辑与实践路径——从"五育融合"谈起［J］.河北师范大学学报（教育科学版），2020，22（5）：26-33.

［49］阮成武.新中国70年培养新人的教育进路［J］.教育研究，2019，40（8）：15-23.

［50］石书臣.正确把握"课程思政"与思政课程的关系［J］.思想理论教育，2018（11）：57-61.

［51］舒尔茨.改造传统农业［M］.北京：商务印书馆，2011.

［52］苏建兰，李娅.基于乡村振兴战略的农林经济管理本科专业实践教学改革探析［J］.林业经济，2019，41（4）：94-98.

［53］孙会平，宁本涛.五育融合视野下劳动教育的中国经验与未来展望［J］.教育科学，2020，36（1）：29-34.

［54］汤广全.自由与和谐——蔡元培"五育并举"观研究［J］.教育学术月刊，2009（1）：38-42+55.

［55］唐思鲁.对大学德育实施科学管理的思考［J］.浙江大学学报（社会科学版），1998（1）：115–119.

［56］王斌，黄琼宇，陈熙.有效推进"双一流"建设的两个重要维度［J］.中国高等教育，2022（5）：39–41.

［57］王海建."00后"大学生的群体特点与思想政治教育策略［J］.思想理论教育，2018（10）：90–94.

［58］吴俊.高被引论文的特征分析——以西南民族大学学报（人文社会科学版）为例［J］.西南民族大学学报（人文社会科学版），2017，38（12）：229–233.

［59］吴月齐.试论高校推进"课程思政"的三个着力点［J］.学校党建与思想教育，2018（1）：67–69.

［60］吴遵民."五育"并举背景下劳动教育新视野——基于"三教融合"的视角［J］.现代远距离教育，2020（2）：3–9.

［61］习近平.决胜全面建成小康社会　夺取新时代中国特色社会主义伟大胜利［N］.人民日报，2017–10–28（001）.

［62］习近平.在"不忘初心、牢记使命"主题教育总结大会上的讲话［N］.人民日报，2020–01–09（002）.

［63］习近平.在庆祝中国共产主义青年团成立100周年大会上的讲话［N］.人民日报，2022–05–11（002）.

［64］习近平.思政课是落实立德树人根本任务的关键课程［J］.求是，2020（17）：1–2.

［65］习近平.习近平谈治国理政（第二卷）［M］.北京：外文出版社，2017.

［66］习近平.在全国宣传思想工作会议上的讲话［N］.人民日报，2013–08–21.

［67］项贤明."智育"概念的理论解析与实践反思［J］.课程·教材·教法，2021，41（5）：40–46.

［68］新华社.习近平在"不忘初心、牢记使命"主题教育工作会议上强调　守初心担使命找差距抓落实　确保主题教育取得扎扎实实的成效［J］.党建，2019（6）：4–6.

［69］徐娜.高校美育三议：本质意义、价值指向与实践路径［J］.江苏高教，2021（6）：113–116.

［70］徐葳，贾永政，阿曼多·福克斯，戴维·帕特森.从MOOC到SPOC——基于加州大学伯克利分校和清华大学MOOC实践的学术对话［J］.现代远程教育研究，2014（4）：13–22.

［71］许文娟，侯立白，贾燕.农村区域发展专业实践教学体系的构建与实践［J］.高等农业教育，2005（7）：55–57.

［72］杨晓慧.我国高校创业教育与创新型人才培养研究［J］.中国高教研究，2015（1）：39–44.

［73］尹晓敏.微博兴起背景下大学生思想政治教育的挑战与应对［J］.思想教育研究，2011（2）：49–52.

［74］于丹，白国玉.蔡元培的教育思想［J］.兰台世界，2008（9）：61–62.

［75］张晋，王嘉毅．高等教育高质量发展的时代内涵与实践路径［J］．中国高教研究，2021（9）：25–30.

［76］张俊飚，颜廷武．中国农业经济管理学科发展70年：回顾与展望［J］．华中农业大学学报（社会科学版），2019（5）：1–11+164.

［77］张淑辉，高雷虹，杨洋．农林经济管理专业的实践教学质量困境与突破策略［J］．教育理论与实践，2019，39（27）：56–58.

［78］张烁．习近平在全国高校思想政治工作会议上强调：把思想政治工作贯穿教育教学全过程　开创我国高等教育事业发展新局面［N］．人民日报，2016–12–09（001）.

［79］张烁．用新时代中国特色社会主义思想铸魂育人　贯彻党的教育方针落实立德树人根本任务［N］．人民日报，2019–03–19（001）.

［80］张文杰．邓小平德育思想及其当代价值研究［D］．西北大学博士学位论文，2021.

［81］张文娟．基于"产出导向法"的大学英语课堂教学实践［J］．外语与外语教学，2016（2）：106–114+147.

［82］张於倩，李顺龙，马文学，万志芳，王玉芳，李微．农林经济管理专业课程体系改革对策研究［J］．中国林业教育，2006（5）：21–23.

［83］张志辉．网络条件下意识形态建设研究［D］．南开大学博士学位论文，2010.

［84］赵冉，杜育红，朱倩文．教育对中国经济增长的影响效应——基于元回归分析方法的分析［J］．教育研究，2022，43（1）：47–61.

［85］赵锐．农经专业教育改革的初步设想［J］．高等农业教育，1985（S2）：23–25+27.

［86］赵野田．国外高校德育的特点、发展趋势及启示［J］．东北师大学报，1998（2）：84–92.

［87］郑元景．新媒体环境下高校思想政治教育实效性探析［J］．思想理论教育导刊，2011（11）：107–109.

［88］郑泽宇．新世纪以来中国生态扶贫研究的发展脉络和展望——基于CiteSpace的文献计量分析［J］．西南民族大学学报（人文社会科学版），2022，43（9）：219–231.

［89］中共中央宣传部．习近平总书记系列重要讲话读本［M］．北京：学习出版社，人民出版社，2016.

［90］周光礼．习近平总书记"双一流"建设思想研究［J］．清华大学教育研究，2022，43（3）：15–22.

［91］周文东．"三个代表"重要思想与高校德育工作［J］．毛泽东思想研究，2005（2）：16–19.

［92］周月书，张兵．论农业经济管理专业本科课程体系改革［J］．高等农业教育，2006（3）：51–53.

［93］朱甸余．对培养农业经济及管理专业研究生的一些设想［J］．高等农业教育，1985（S3）：25–27.

后 记

随着实践的发展，很多实践出现的问题仅从一个学科去研究和探讨已不能揭示其科学问题，很难发现问题的实质、形成机制，很难找到解决问题的办法。甚至，从本科学领域看，可能找到了问题的实质，发现其形成机制，也探索到如何破解相应的问题，但付诸实践的结果，常常不尽如人意。究其原因，根本在于：仅从传统单一学科不能真正揭示问题的本质。这需要我们跨越传统单一学科，"跨"学科进行研究，用其他学科的知识思考，从其他学科的视角分析本学科的问题。就我个人的认识而言，这可能是教育部启动新农科、新工科、新文科和新医科建设的重要原因。虽然教育部启动了超越传统单一学科的"四新"学科建设，但学科建设不仅要以科学研究为支撑，更要以人才培养为基础。正是在这一背景下，我们选择"农林学科创新创业人才培养三维实践模式"为名称申报了教育部新农科研究与改革实践项目，并于2020年获得立项研究。

在我们看来，农林经济专业人才培养本身涉及众多学科，仅靠经济学或者管理学是不够的。"三农"问题本身就是一个非常复杂的问题，是一个长期以来在解决但均未解决的问题，是一个涉及众多学科的问题。从我们进行人才培养的实践看，从我们给学生开的课程看，就是一个涉及多个学科门类的人才培养。例如，我们长期坚持开设农学大类中的《农学概论》《林学概论》《畜牧学概论》等课程，同时还开设经济学类、管理学类、法学类等学科大类的课程。因此，我们农经专业的人才培养，需要多学科的前沿研究和最新知识。对于今天可能从事"三农"研究或者实际工作的人才来讲，实践创新能力至关重要。基于此，加强实践能力训练和培养就成为新时代农经专业人才培养和研究应给予重点关注的核心内容。国无德不兴，人无德不立。对此，2018 年，习近平总书记在全国工作教育大会强调："培养什么人，是教育的首要问题"，在社会主义中国，我们要培养"立志为中国特色社会主义奋斗终身的有用人才。"为此，习近平总书记提出了"九个要"，即"要在坚定理想信念上下功夫""要在厚植爱国主义情怀上下功夫""要在加强品德修养上下功夫""要在增长知识见识上下功夫""要在培养奋斗精神上下功夫""要在增强综合素质上下功夫""要树立健康第一的教育理念""要全面加强和改进学校美育"和"要在学生中弘扬劳动精神"，这"九个要"从理论研究、实践能力和品德修养三个方面对人才培养提出明确要求和努力方向。育人之本，在于立德铸魂。"人才"之所以成为"人才"，其前提是要成为"人"，而人成为"人"，其核心在于品行、品德或者灵魂性的东西。所以说，人才培养，不仅要教会理论知识、实践能力，更要"育人"。只有通过育人，解决为谁培养人才、为什么培养人才这一必须回答的重大课题。

为实现"九个要"对人才培养提出明确要求，一方面，需要教师为之进行努力。老师的教育、引导、示范对于"三维"人才的培养至关重要。另一面，学生是主体，自己要成长为什么样的人，仅有学校、老师的教育显然是不够的。需要学生积极主动学习、养成良好的品德。因此，在调查研究中，我们从老师和学生两方面进行了探讨及分析。希望我们进行的调查和研究对于培养新时代的高水平人才有一定的积极作用。研究成果的完成，首先要感谢教育部启动新农科研究与改革实践项目，让我们能够申请有关项目进行调查和研究；要感谢贵州大学为我们进行调查研究和成果出版提供资金支持，感谢贵州大学经济学院、管理学院为研究提供良好的条件，让我们能安心从事调查和研究工作；要感谢我的博士研究生娄磊及整个研究生团队积极进行研讨和问卷设计。研究成果的顺利出版，要感谢经济管理出版社及出版社各位老师的辛勤付出，正是他们高水平、认真负责的编校工作，才消除了书稿中很多的错识。当然，书稿中存在的缺点与错识与他们无关，均应由本人负责。

洪名勇

2022 年 8 月于花溪兰馨桂馥花园